中公新書 2765

岩田文昭著

浄土思想

釈尊から法然、現代へ

中央公論新社刊

はじめに

仏教の大きな流れの一つに「浄土思想」がある。浄土思想とは、清らかな仏の国土である浄土に往生し、そこにおいてさとりをえて仏になるという思想である。経典《きょうてん》にはさまざまな仏の浄土が説かれている。その中で、日本では阿弥陀仏《あみだぶつ》が住む極楽浄土がもっともよく知られている。本書で論じるのは、この阿弥陀仏の浄土にかんする思想である。

「浄土思想」と同じような意味で用いられる表現に「浄土教」がある。浄土教は中国の唐代《とう》の仏教書で使われた言葉で、日本でも古くから一般に用いられてきた。中国で展開した浄土教を受容した日本においては、浄土についての思想と浄土教とは同じように用いられてきた。そのため本書では、この二つの表現を取り立てて区別することはしない。現在の日本の宗派でいえば、浄土宗、浄土真宗《しんしゅう》、時宗《じしゅう》などが浄土教に属する宗派であり、主にそこに関連する僧たちが浄土思想を深め、広く伝えてきた。

浄土思想・浄土教は「物語」によって成り立っている。その中核にあるのが、無量寿経《むりょうじゅきょう》という経典に説かれた「法蔵《ほうぞう》説話」である。衆生《しゅじょう》を救おうとする法蔵という名の菩薩《ぼさつ》の誓いが完成して、仏になったという筋書きである。遠い昔に、法蔵菩薩が四十八の誓いを建て、長期間の修行の結果、その願いが成就して衆生を救う阿弥陀という仏となった。成就した法蔵菩薩の願いが阿弥陀仏の本願《ほんがん》と呼ばれる。また、観無量寿経《かんむりょうじゅきょう》に説かれた「王舎城《おうしゃじょう》の悲劇」も重要である。この悲劇は、親子の間で繰り広げられた葛藤《かっとう》と苦悩の物語であり、浄土教が広がるうえで大きな役割を果たしてきた。

経典に説かれたこれらの物語は人々の心に深く訴えてきた。しかし、本書がさらに注目するのは、そこから新たな物語が生み出されてきたことである。経典の物語が人々に救済をもたらすことで、新たな語りが生まれていった。たしかに、浄土思想には、精緻《せいち》な教学や深い教義もある。高僧や学者は浄土思想について思索をめぐらしてきた。しかし、そのような教義・教学もその前提になっている物語の力を感じ、体得することができなければ、たんなる抽象的な概念の体系となってしまう。日本で浄土思想が多くの信者を獲得していったことを理解する鍵は、浄土教の物語が動的に連関していったさまを知ることにある。

物語という観点から浄土思想を理解することは、仏教研究の進展からも求められていることである。浄土思想が説かれている、無量寿経や観無量寿経は、のちに釈尊《しゃくそん》と呼ばれるガウタマ＝シッダールタという人が説いたとかつては信じられていた。しかし現在では、釈尊が現存する経典の一字一句をそのまま説いたと考える研究者はいない。経典の制作過程の研究が進み、その歴史的変遷が明らかになってきたからだ。現存する経典は、たとえ釈尊の精神から発したとしても、成立したのはその死後かなりたってからである。とはいえ、経典に記された物語が人々に救いをもたらしてきた。浄土教の物語は、人々を救済するという現実をもたらしたのである。人々に精神的影響を与えた現実を理解するには、この物語の力を知る必要がある。実のところ、この物語の力を、仏教独自の言葉で浄土教の思想家は表現してきたのである。

また、祖師伝研究の展開からも物語の力の重要性が認識されるようになってきた。法然《ほうねん》や親鸞《しんらん》ら宗派の開祖には各々の著作以外に、法然伝あるいは親鸞伝という物語が残され、かれらの生涯が伝えられてきた。これらの祖師伝もかつては歴史的事実を伝えていると信じられてきた。ところが、祖師伝の成立過程の解明が進み、その内容が必ずしも歴史的事実に即していないことがわかってきた。いわば、物語成立の舞台裏が解明されてきたのだ。

一般的にいって、物語の内容が客観的事実と違っていることは、しばしば否定的に捉《とら》えられてきた。浄土教の物語も架空の作り話であり、知性の働きを犠牲にしなくては信じることはできないと考える人が少なくない。しかし、物語の力は、近代の学問成果によって否定されはしない。むしろ、宗教の意味を物語という観点から捉え返そうとする研究が、哲学・仏教学・宗教学・心理学などさまざまな研究分野で登場してきた。なぜなら、物語は日常的な言語で指し示す次元とは違う「現実」を開示する力があるからである。

小説であれ映画であれ演劇であれ、創作された話によって、人々は泣いたり笑ったり感動したりする。一つの物語との出会いにより、生き方が変わることさえある。それは通常の語り方では表すことのできない、深い次元の層に人々を誘う力が物語にはあるからである。それだけではなく、自らの辛く苦しい経験を他者に物語ることで、その苦悩がやわらいだりすることもある。それは自己のなかで鬱屈《うっくつ》していた感情や思いが物語られることにより解放され、新たな現実世界へと生きる道が開かれることがあるからである。物語がそれ独自の「現実」の世界に導く力があることが認められるようになってきた。

いうまでもなく、物語にもさまざまな種類があり、それが開く世界も多様である。そのなかにあって、浄土教の物語はその固有の宗教的現実を開いてきた。浄土教の歴史は、その物語が人々の心に訴え、そこからまた新たな物語が生まれながらダイナミックに展開してきた歴史といえる。本書は、このような浄土教の歴史を物語という観点から描くことを試みる。

以下、本書の概要をあらかじめ示しておこう。

第一章では、本書が物語という観点から浄土思想にアプローチする意味を示したい。まず取り上げるのは、浄土思想の仏教における位置づけである。浄土思想は、歴史上の釈尊が直接に説いた教えではない。それにもかかわらず、浄土教が釈尊に発する仏教の伝統に位置づけられるのは、そこに「仏になる教え」、すなわち「成仏《じょうぶつ》の教え」があるからである。そして、仏になることを可能にしているのが浄土教の物語である。このことを確認したうえで、浄土教の物語が説かれている浄土三部経について説明する。

第二章では、中国の浄土思想を論じる。まず中国で多くの注釈書が著された観無量寿経の内容を唐代の僧、善導《ぜんどう》の解釈を中心に考察する。ついで、善導の生涯とその神秘的体験を紹介する。善導の神秘的体験は日本の法然らに決定的な影響を与えた。浄土思想の大成者として善導の思想内容を説明するとともに、善導が物語や儀式を整え、民衆布教を展開したことを論じる。善導は浄土思想の教義をたんに整備しただけではない。王舎城の悲劇の物語を構築しなおすことによって、第三章以降で論じる日本の浄土教に大きな影響を与えることになった。

第三章では、鎌倉時代に活躍した法然を中心に論じる。まずその前段として、平安浄土教の代表である源信《げんしん》の往生論を解説する。源信の教義と実践は、日本における浄土教のイメージを形づくっただけでなく、現代の終末期介護にも示唆を与える点がある。とはいえ、本格的な浄土思想は法然によって形づくられた。法然は、源信など平安浄土教とは一線を画した浄土思想を打ち出したのである。この法然の独自性をその法蔵説話理解において示す。また、三昧発得《さんまいほっとく》といわれる法然の神秘的体験とその教義の形成過程を明らかにする。神秘的体験の物語は、本書の中で繰り返し論じられる主題の一つである。

第四章では、法然門下の諸思想を論じる。法然門下から異なった浄土思想理解が生まれた。従来、この違いは教理史の世界において論じられてきた。この議論の閉鎖性を破り、広い知的地平においてその違いの意味を捉えるために、キリスト教における恩恵と自由意志の関係に対する諸理解と対比させて説明する。ついで、浄土宗西山《せいざん》派の派祖となった證空《しょうくう》の思想と生涯を論じる。最後に、證空が有名にした當麻曼荼羅《たいままんだら》について論じる。當麻曼荼羅はその絵解きという布教方法と中将姫《ちゅうじょうひめ》説話が付加されることによって、浄土宗諸派に流布していった。

第五章では、親鸞を取り上げる。まず波乱にとんだ親鸞の生涯を紹介する。親鸞は一般に、感覚的イメージを否定し、浄土思想の神話的要素を取り除こうとした人物とみなされることが多い。その思想的特徴を示したうえで、親鸞の思想には物語の力と物語を生み出す根源への信頼があることを明らかにする。この信頼は、浄土教と物語との根本的関係を示すものであり、本書全体の核になる。最後に、親鸞の見た夢の内容とその意義を考察する。中世の人であった親鸞は夢を重要視しており、それがその信仰生活に影響を与えている。夢に代表されるような感覚的イメージは、その後の親鸞伝の重要な要素として世に広まっていった。

中世から近世にかけても祖師伝をはじめ、篤信の信者について幾多もの物語がつくられた。また宗派のなかで祖師たちの著作についての研究も進んだ。もっとも信仰や教義の質にそれほどの変化はなかった。状況が大きく変わったのは、明治維新以降である。

文明開化とともに、浄土教を取り巻く環境は大いに変わり、それに対応するような新たな物語が生まれてきた。第六章では、その事例として、真宗大谷《おおたに》派の僧近角常観《ちかずみじょうかん》の実際の体験である「実験」にもとづく物語を取り上げる。ついで、浄土教の宗教性が希薄になりながら日本人の精神性に浸透していくさまを精神分析家の古澤平作《こさわへいさく》が提示した阿闍世《あじゃせ》コンプレックス論をもとに示す。そのうえで、手塚治虫《てづかおさむ》の漫画『ブッダ』を論じる。時代の精神状況に呼応して浄土教の物語に類似する物語が『ブッダ』に描かれているのだ。

終章では、このような状況を踏まえたうえで、今後の浄土教の物語の可能性について論じる。

浄土思想については、仏教学でも哲学でも歴史学でもすぐれた研究がなされてきている。しかし、それらの多くは精緻で専門的であるため、一般の読者には近寄りがたい。それと相反するように、宗教書は、主観的な信仰にもとづくものが多い。本書が浄土思想にかかわる精緻な学問成果と信仰の世界をつなぐ役割を果たすことができれば幸いである。

目次

浄土思想

釈尊から法然、現代へ

第一章　物語の力と浄土思想

1　経典への向き合い方

仏教とはなにか

まず、仏教という言葉の意味から確認していこう。仏教とは、「仏のさとりを開いた釈尊が説いた教え」だといえる。釈尊の生没年については異説があるものの、のちに釈尊と呼ばれる人がいまから二五〇〇年ほど前に、インドのガンジス河中流域で活動したことはたしかである。釈尊の死後、弟子たちが集まり、釈尊から聞いた教えが整理確認され、口頭で伝承されていった。それを実在した釈尊の教えである、「仏の教え」だとして仏教徒は尊重してきた。

釈尊の死後一〇〇年ほどたつと、仏教教団は釈尊の教えの解釈をめぐり、戒律を厳格に守ろうとする保守的な上座部《じょうざぶ》と、戒律を柔軟に捉える進歩的な大衆部《だいしゅぶ》とに分裂した。この二派はさらに分裂を重ねて、複数の部派《ぶは》へ分かれた。これらの部派が分立していた時代の仏教を総称して部派仏教という。部派仏教では、僧院で瞑想《めいそう》などの実践を行う出家者とそれを支援する在家者とが明確に区別されていた。それぞれの部派は釈尊の説法の記録とされる教えを伝えてきたが、紀元前後に、その教えと異なる経典群が登場してきた。これらの経典が「大乗経典《だいじょうきょうてん》」と総称され、大乗経典によってたつ仏教が「大乗仏教」といわれる。

出家、在家を問わず、すべてのものがひとしく釈尊と同じさとりに到達できるという思想を説いているのが大乗経典の特徴である。また大乗経典には、それまで口頭伝承されてきた経典とは異なり、文字で書き写され、写本が流通した点にも大きな特徴がある。このような大乗経典は釈尊の直説《じきせつ》ではないという批判が保守的な仏教者からなされた。ところがこれに対して大乗側は、それは釈尊の本意にしたがった真実最高の教えであり、それによって「仏になることができる教え」だと主張した。つまり、「成仏の教え」だから大乗経典は仏説だとしたのである。

成仏の方法は、仏教各宗派によって異なる。多くの宗派では、厳格な修行や善根功徳《ぜんごんくどく》を積むことで仏になることを目指す。しかし、それは容易ではない。これに対して、本書で論じる浄土教では、仏になるのに相応《ふさわ》しい環境である浄土を阿弥陀仏《あみだぶつ》が用意し、そこに迎えとろうとしてくださると説く。阿弥陀仏の本願の力により、衆生が浄土に往生し、そこで仏になることを信じるのが浄土教である。そして、浄土教の経典に説かれているのが、成仏を可能にする阿弥陀仏とその浄土の物語である。

実際のところ、仏のさとりを開いた釈尊の教えと、仏になる教えの内容とは密接に結びついている。仏になることを目指す仏教の歴史は、釈尊から発し、釈尊の言葉をもとにその教えが発展的に伝わってきたからである。しかし、仏教を理解するにあたって「釈尊の教え」と「成仏の教え」とのどちらに重きをおくかは一つのポイントとなる。「成仏の教え」という点を強く解するなら、たとえその教えが釈尊によって説かれたものでなくても、仏教は成り立つ。仏教の歴史は、「釈尊の教え」として二五〇〇年間続いてきたものの、釈尊の教えがそのまま伝わってきたわけではない。またその教えの解釈も変化してきた。とくに浄土教の教えの変化を理解するには、仏教に「釈尊の教え」と「成仏の教え」の二つの側面があることを考慮しなければならない。

思想変遷の局面

浄土教の教えが変化することにかんして、本書が注目する三つの局面がある。それは「経典の成立」、「祖師・派祖による経典の解釈」、「新たな物語の発生」である。それぞれの局面の大まかな構図をあらかじめ示しておこう。

第一は、経典の制作と文字化によってもたらされた局面である。大乗経典制作にかんする研究が進んだことにより、大乗経典は歴史上の釈尊の言葉をそのまま伝えていないことが知られるようになってきた。ただし、仏教の伝統のなかでは、いったん成立し文字化した経典は絶対的なものとして捉えられてきた。現在でも信仰の現場では、確定した聖典として伝承されている。

第二は、経典の読み方、解釈にかんする局面である。およそ浄土教の思想を形づくった人たちは、経典には「釈尊の教え」が説かれていると信じていた。そのことを前提として、それぞれ独自の仕方で「成仏の教え」を読み解いた。つまり、経典は変化しないものの、その解釈が変化するのである。今日では、解釈の変化が明確に認識され、その解釈の歴史性が判明してきている。ただし、経典の解釈についても、法然《ほうねん》や親鸞《しんらん》が宗祖や祖師・派祖などとして位置づけられると、その読み方が教団の正統の教義として絶対視されて継承されることになる。

第三は、新たな物語の発生の局面である。経典が成立したあとも、浄土教にはさまざまな物語が生じた。その物語としてまず高僧伝や祖師伝をあげることができる。法然や親鸞らは、その死後、かれらの信奉者によって伝記が作成され、それが広く流布されていった。また第四章で論じる中将姫説話などのように、浄土教布教のための新たな物語もつくられた。教団の布教の現場では、これらの物語は歴史的事実を伝えているという想定で語られる。他方、それとは別に第六章で触れる手塚《てづか》治虫《おさむ》の『ブッダ』のように浄土教の教団の外部において生じる物語もある。このように、さまざまな浄土教の物語が制作されてきた。いずれも客観的な歴史的事実を忠実に描くのではなく、かなり脚色し、創作された内容が多い。また経典や祖師の言葉がかなり自由に用いられている。ただし、その制作には、成仏の教えを感覚に訴えて説明しようとする意図に共通性がある。

以上、三つの局面について述べたが、それ以外の場面でも、浄土思想は歴史の中で変遷してきた。それにもかかわらず、浄土思想が日本仏教の主要な流れに位置するのは、「成仏の教え」を伝えることを主眼としているからである。このような浄土教の「成仏の教え」の真実性の核心にあるのが物語の力である。

2　浄土三部経

阿弥陀仏と浄土三部経

　浄土教は大乗経典に説かれた阿弥陀仏の物語によって支えられている。阿弥陀仏について説いている大乗経典は多い。中国唐代の天台《てんだい》宗の僧、湛然《たんねん》が「諸経の讃ずるところ多く弥陀に在り」と述べているように、多くの経典が阿弥陀仏を讃えている。

　それでは、阿弥陀仏とはどういう仏か。阿弥陀のサンスクリットの原語は、「アミターユス」と「アミターバ」である。「アミターユス」とは「無量の寿命（無量寿《むりょうじゅ》）」を意味し、「アミターバ」は「無量の光明（無量光《むりょうこう》）」を意味する。「阿弥陀仏」とは、この無量寿仏と無量光仏の二つの語の意味を含む音写語である。つまり、阿弥陀という仏は、時間的に無量の寿命があり、空間的に制限のない救済活動をする仏ということを意味する。

　日本の浄土教でとくに尊重されてきた阿弥陀仏にかんする経典は、法然が浄土三部経と名づけた漢訳の『無量寿経』『阿弥陀経』『観無量寿経』である。

　浄土三部経の語り手はいずれも釈尊となっている。釈尊が弟子たちに阿弥陀仏の存在とその仏国土である極楽浄土について紹介するという形式をとっている。釈尊は、阿弥陀仏の極楽浄土の素晴らしさを説明し、そこに生まれて（すなわち往生して）容易に仏になれることを説く。

浄土三部経のうち、分量がもっとも多く、浄土思想の基盤となっているのが無量寿経である。無量寿経の原初形態は一世紀頃の西北インドに認められる。漢訳以外に、サンスクリット本やチベット訳が伝わっている。古来「五存七闕《ごぞんしちけつ》」といわれ、全部で一二回漢訳されたとされ、そのうち五つの訳が現存している。

五つの漢訳本のうち、もっとも流布し信奉されてきたのは、康僧鎧《こうそうがい》の訳とされる無量寿経である。ただし現代の研究では、康僧鎧ではなく、四二一年に東晋《とうしん》の仏駄跋陀羅《ぶつだばつだら》と劉宋《りゅうそう》の宝雲《ほううん》の両者が共訳したとする説が有力である（藤田、二〇〇七、八五）。無量寿経は、阿弥陀経に比して分量が多いことから、「大無量寿経」とか「大経《だいきょう》」、上下二巻からなっているので「双巻経《そうかんぎょう》」ともいわれる。無量寿経には、いくつもの異訳やサンスクリット本があることから、それらの違いなどを考察することで成立過程についての研究もなされてきた。大乗仏教の発展とともに、経典も動的に展開してきたのである。

無量寿経に対して、阿弥陀経は分量が少ないことから「小経《しょうきょう》」などといわれる。阿弥陀経は、無量寿経とほぼ同じ頃の編纂《へんさん》だと推定される。サンスクリット本とチベット訳が現存している。漢訳は三訳あったようだが、現存するのは鳩摩羅什《くまらじゅう》訳と玄奘《げんじょう》訳の二訳である。

玄奘訳の漢訳名は「称讃《しょうさん》浄土経」という。二訳のうちもっぱら流布したのは鳩摩羅什訳である。三部経の中でもっとも短いこともあり、読誦《どくじゅ》用に広く用いられている。

観無量寿経は略して「観経」ともいわれる。無量寿経と阿弥陀経には、漢訳以外の経典が残っている。ところが、観無量寿経にはサンスクリット本やチベット訳がなく、畺良耶舎《きょうりょうやしゃ》訳の漢文経典のみがある。細かくいえば、ウイグル語の観経の断片があるのだが、これは漢文経典から訳したものと判断されている。四世紀から五世紀にかけて成立したとされるが、原典的な資料がないため、その成立についてはさまざまな議論がなされてきた。成立地には、「中央アジア撰述《せんじゅつ》説」「中国撰述説」などの説があるが、近年では、「段階説・編集説」が有力視されている（末木、一九九二）。

これらの三説を簡単に紹介する。「中央アジア撰述説」では、現在のウイグルあたりで撰述されたとする。西はキルギスやウズベキスタンへとつながるこの地は、西と東の思想文化が融合した場所であり、独自の仏教文化が生まれていた。注目されているのは、この地にある巨大な石仏や禅観窟《ぜんかんくつ》と呼ばれる石窟《せっくつ》群である。とくにトゥルファン（吐魯番）の石窟の壁に描かれた阿弥陀浄土図には、観無量寿経の教説と対応するものがある。石窟の壁画は、阿弥陀仏とその浄土を心に思い描く修行のために用いられたのだが、そのいくつかの壁画は観経で説かれている浄土の姿と重なるのである。ここから、石窟における修行法と観無量寿経とのあいだに密接な関係があると考えられている。

他方、中国撰述説も主張されている。観無量寿経には、中国ならではの言葉づかいや表現が多く認められる。たとえば、観無量寿経に記載されている人間を区別する分類法は、古代中国の官吏登用法に類似していることなどが中国撰述説の根拠となっている。

「段階説・編集説」は、中央アジア的な要素と中国的な要素がともに重要な役割を果たしていることを認めており、説得力をもった説である。中央アジアで実際になされていた修行法を体系的にまとめながら、それとは別に伝承されていた仏教説話を付加し整理されて、現存するような観無量寿経の形へと編集したのではないかと考えられる。

この三説から、観無量寿経は複合的な内容から成り立っていることがわかるであろう。観無量寿経は、中央アジアに残る石窟の壁画と結びつくような、阿弥陀仏とその浄土を思い描く修行法を説いている。他方、それだけではなく当時の中国の文化・思想を背景としている内容もあるのだ。

無量寿経の法蔵説話

浄土三部経のうち、無量寿経には阿弥陀仏の由来を物語る法蔵《ほうぞう》説話が説かれている。浄土教でもっとも大切な物語である法蔵説話の内容を以下に示しておこう。

ある日、釈尊が古代インドのマガダ国の首都、王舎城《おうしゃじょう》近郊の耆闍崛山《ぎじゃくっせん》にいたときのことである。釈尊は明るく光り輝く容姿を示した。弟子の阿難《あなん》がその尊い姿の理由を尋ねたところ、釈尊は喜び、自身がこの世に出現したのは、阿弥陀仏の救いの法を説くためであり、いよいよ真実を説くべき時節がきたことに満悦していると述べた。そして、法蔵菩薩が阿弥陀仏になった経緯を釈尊がこう話し出す。

過去久遠の昔、錠光《じょうこう》という仏が世に出現し、多くの衆生を教化したのち、自ら入滅された。その後も次々と五十三の仏が出現し、五十四番目に出現したのは世自在王《せじざいおう》という仏であった。そのとき一人の国王がおり、世自在王仏の説法を聞き無上のさとりをえたいという心を起こし、国も地位も捨て、出家修行者の身となって法蔵と名乗った。才能が秀でて志も強い法蔵菩薩は、世自在王仏の前で、苦悩の衆生を救いたいという願いを起こす。法蔵菩薩の決意の堅固さを知った世自在王仏は、法蔵菩薩を激励し、二百十一億の諸仏の国土に住む人・天の善悪、国の優劣を示した。そのすべてを見た法蔵菩薩は、五劫《ごこう》という永いあいだ思惟《しゆい》して、すべての生きとし生ける衆生を救おうと決心し、四十八の願を建てた。法蔵菩薩はこの四十八願を完成するために兆載永劫《ちょうさいようごう》というはてしなく長い時間をかけて行を修め、ついにその目的を達成した。理想の浄土を西方に建立し、自分もまたさとりを開いて仏になった。その仏が阿弥陀仏であり、その浄土が安楽国土（極楽）である。いまから十劫という昔に衆生を済度する救いが完成されたのであり、この極楽に往生すれば間違いなく仏になることができる。極楽では無数の菩薩が阿弥陀仏に供養し、さらに十方《じっぽう》国土からも菩薩が集まってくる。

釈尊は、このように極楽の素晴らしさを説き、この説教は将来にわたりとくに重要なので、素直に信じるようにと注意をして話を終える。

そもそも、菩薩が仏になる前に起こす願を本願という。この願いはそれが完成しなければ仏にならないという誓いを伴っているので誓願ともいわれる。法蔵説話で説かれている四十八願はすべて本願であるが、その中でも十八番目の願、十八願がとくに重要である。そこで、それを「王本願」、あるいはただたんに「本願」ということも多い。十八願には、この誓いを信じ浄土に生まれたいと願い、高度な修行ではなく、念仏するすべてのものを救うことが誓われている。十八願の誓いの代表的な現代語訳を示す。

わたしが仏になるとき、すべての人々が心から信じて、わたしの国に生まれたいと願い、わずか十回でも念仏して、もし生まれることができないようなら、わたしは決してさとりを開きません。ただし五逆の罪を犯したり、仏の教えを謗《そし》るものだけは除かれます。

（『浄土三部経　現代語版』二九）

この誓いが実現し、法蔵菩薩は阿弥陀仏となった。すべての人を救おうという阿弥陀仏の働きが南無《なむ》阿弥陀仏という念仏となってあらわれたといえる。

衆生を救済しようという法蔵菩薩の慈悲の心がもとになって、救済の方法が完成しているというのが法蔵説話の骨子である。阿弥陀経も観無量寿経も法蔵説話を前提としている。浄土思想の歴史は、この物語の解釈とそれによって実際に救済された人々が織りなす歴史といえる。

無量寿経は分量が多く、読誦するのに時間がかかる。そのため現代では日常の勤行《ごんぎょう》や法要・法会などでその全文が読誦されず、その一部が読誦されることが多い。その中でもっともよく読まれるのは、「四誓偈《しせいげ》」あるいは「重誓偈《じゅうせいげ》」と呼ばれる偈文《げもん》である。五言四句で一一行、計二二〇字からなる、この偈文は法蔵菩薩が四十八願を述べた後、それが成就することを重ねて誓った言葉である。「誓って仏のさとりを開かない」と繰り返し述べられ、法蔵菩薩のなみなみならぬ決意が表現されている。

阿弥陀経の極楽浄土

浄土三部経の一つである阿弥陀経は、「無問自説《むもんじせつ》」の経といわれる。多くの経典は、弟子などからの質問に答える仕方で釈尊が説法するという形式をとる。ところが、阿弥陀経では、誰からも問われないのに、智慧《ちえ》第一といわれた弟子の舎利弗《しゃりほつ》を相手に釈尊が説教する。そのためこう呼ばれるのである。

阿弥陀経の前半は、阿弥陀仏の浄土を描写している。釈尊は、西方十万億土の彼方に極楽の世界があって、そこに阿弥陀仏が実在し現に説法していると明かす。ついで、極楽にはもろもろの苦しみがないことや阿弥陀仏の名の由来を告げる。「アミダ」という名は、「はかり知れない光をもつもの」（アミターバ）と「はかり知れない寿命をもつもの」（アミターユス）という徳を表現しているのである。そして、極楽に往生した者の素晴らしい状態を教えて、極楽往生を願うよう勧める。自らの力で善根功徳を積むことによっては極楽に往生することはできない。往生には、南無阿弥陀仏（名号《みょうごう》）の力によらざるをえないこと、その力により臨終に阿弥陀仏の来迎《らいこう》があると教える。

阿弥陀経の後半では、大宇宙に存在する無数の諸仏がこの阿弥陀経の教説を信じよと繰り返し勧めていることが説かれる。そして、釈尊がけがれた世に、世間の常識を超えたにわかには信じがたい難信の法を説いたことを諸仏は称讃する。釈尊自身もすべての人のためにこの信じがたいほどの教えを説いたのであると述べ、舎利弗をはじめとする聴衆は喜びに満ちあふれてその場を去る。

以上のような阿弥陀経の内容は、無量寿経と密接に連関している。両経は共通して理想世界である極楽浄土の様子を説いている。救済者としての阿弥陀仏が出現した理由や、極楽浄土に往生するための根本にあるのは南無阿弥陀仏（名号）であることが示されている点も共通している。これらは浄土思想の柱をなすものである。

観無量寿経の性格

浄土三部経の残りの一つは観無量寿経である。観無量寿経は浄土三部経の一つに位置づけられているが、無量寿経や阿弥陀経とはいささか異なった性格を有している。経典の題目である「観」はこの経典が主として「観仏」の行を説いていることを示している。観仏とは、精神を統一し仏やその浄土の姿を心に思い描き、その徳を自らのものにしようとする行法であり、「観想」「観相」「観念」「観察」などとも表現される。この経典の大半は、阿弥陀仏やその浄土、それに加えてその浄土に往生を願う人々を思い描いて浄土へと導く教えが説かれている。南無阿弥陀仏を称《とな》える称 名《しょうみょう》念仏も説かれているものの、分量的にはわずかで、表面的に読めば、称名念仏は格の落ちる二次的な位置づけとなっている。

観経は、「王舎城の悲劇」と呼ばれる事件を背景にしている。マガダ国の首都王舎城で王位の簒奪《さんだつ》をはかった王子阿闍世《あじゃせ》が起こした。阿闍世は、父である国王頻婆娑羅《びんばしゃら》王を幽閉して餓死させようとし、さらに王のもとにひそかに食物を運んできた王妃韋提希《いだいけ》をも捕らえたという事件である。

　観経は、捕らえられたこの韋提希に釈尊が説教をする内容が中心となっている。釈尊は十六の段階を追って阿弥陀仏の姿を思い描く方法を教示している。ただし、十六のうちはじめの十三観と最後の三観はやや性格が異なる。はじめの十三観は阿弥陀仏とその浄土を観察の対象としており、終わりの三観ではその浄土に往生する人の様子が述べられている。そして、阿弥陀仏の名をたもつこと、すなわち念仏せよと釈尊が勧めることで観経は終わる。

　王家の家族争乱というドラマチックな出来事を導入部分としている観経は、人々の注目をひき、観経は中国の仏教界に広まった。そのため、その内容理解については、いくつもの解釈本が著された。多くの論者は、経典の大半部分をしめる観仏を中心に論じた。これに対して善導《ぜんどう》は、表面上の文字にとらわれずに、独自の視点から称名念仏にこそ観経の眼目があるとみなした。日本の浄土教はこの善導の解釈に決定的な影響を受けた。そこで次章では、善導の解釈をもとに観無量寿経の内容を説明する。

第二章　中国の浄土思想

1　観無量寿経の解釈

中国の浄土教

インドでおこった仏教は、一世紀半ば頃には中国に伝来してきた。後漢《ごかん》の時代、西暦二世紀後半には大乗経典が伝来し翻訳され始めた。この頃から浄土思想に言及する般舟三昧経《はんじゅざんまいきょう》をはじめ、阿弥陀仏やその浄土について説く経典が漢訳されていった。三国《さんごく》時代や西晋《せいしん》の時代までには、浄土教に関連する経典が数多く伝わってきたのである。とはいえ、中国社会に浄土思想がただちに流布したわけではなかった。浄土思想が実際に中国人社会に受容されるようになったのは、東晋時代の慧遠《えおん》（三三四―四一六）の頃であったとされる。

法然は、その著『選択本願念仏集《せんちゃくほんがんねんぶつしゅう》』において、中国浄土教相伝の流れには三流あったとしている。その第一は、いま述べた慧遠の流れである。慧遠は、現在の江西《こうせい》省の廬山《ろざん》に念仏結社をつくった。しかし、慧遠が実践したのは善導が称揚した称名念仏ではない。「三昧」に入り仏を見ることを目指す観仏の行であった。一点に心を専中することによって、心が統一され静かに安定した状態になることが三昧である。慧遠は学問の造詣《ぞうけい》が深く、三〇年以上も山にこもった人であった。その周辺に集う人も社会的階層の高い人が多く、賢人・隠士というべき人たちで、一般庶民とのかかわりはあまりみられなかった。

法然の示す第二の流れは、慈愍三蔵慧日《じみんさんぞうえにち》（六八〇―七四八）の慈愍流の流れである。慧日の浄土思想は座禅と念仏を一体化させた禅浄双修の流れの源泉となった。慧日は、海路でインドに渡り、十数年間各地を遍歴した。その旅中で浄土教に出会い、長安《ちょうあん》（現在の西安《せいあん》）に帰着してからは、浄土の行業を修した。称名念仏がもっともすぐれた往生行であるとしながらも、持戒・称名・誦経などの諸行兼修によって浄土往生を期した。この点から、のちの諸宗融合思想の先駆者とされる。

第三の流れがその後の浄土思想、とくに法然をはじめ日本の浄土思想に決定的な影響を与えた。それは、曇鸞《どんらん》（四七六―五四二）、道綽《どうしゃく》（五六二―六四五）、善導（六一三―六八一）と受け継がれた流れである。

曇鸞は道綽・善導へとつながっていく中国の浄土教教理研究の先駆者である。観無量寿経が中国で知られるようになってまもなく、曇鸞は菩提流支三蔵《ぼだいるしさんぞう》に観無量寿経を紹介され浄土教に入っていった。菩提流支は、北インド出身で多くの経典を漢訳した人物である。ただし、菩提流支から授けられたのは世親《せしん》の著作『往生論』（正式名『無量寿経優婆提舎願生偈《うばだいしゃがんしょうげ》』）の可能性もあるとされている。いずれにしても、曇鸞はその主著である『往生論註』の随所に観無量寿経を引用している。

道綽は曇鸞の影響によって浄土思想に導かれた。道綽は観無量寿経を講じること二百回に及び、観無量寿経の研究と普及につとめた。その成果をまとめた著作が『安楽集《あんらくしゅう》』二巻である。この著作の冒頭で道綽は、釈尊の教えを「聖道門」と「浄土門」との二種に分けている。「門」とは法門、教えを意味し、自力の行を励んでこの世でさとりを開くことを目指す聖者の道を聖道門と名づけた。他方、阿弥陀仏の本願を信じ、念仏して浄土に生まれ、来世にさとりを得ようとする凡夫の道を浄土門としたのである。この道綽のもとで善導は浄土思想を学んだ。そして、善導は観無量寿経を中心に浄土教を展開させ、今日の日本で信仰されている浄土教の大枠をつくった。

観無量寿経の流布

大乗経典にはたくさんの物語が伝えられている。それらはほとんどが仏や菩薩の活躍する物語である。だが、観無量寿経は、多くの人が実感を覚える家庭内の不和を描き、それに苦しむ婦人の姿が話の中心になっている。そのような身近さもあり、中国で多くの注釈書が著された。

ところが、善導の解釈はそれ以前の注釈書と大いに異なっていた。その違いは、観無量寿経で説かれた二つの救済方法をどう評価するかという点にある。二つの救済方法とは「観仏」と「称名念仏」である。善導以外の諸師は、観無量寿経の肝要を観仏にみた。観無量寿経の経文を素直に読むと、諸師の読み方はそれほど違和感がなく、むしろ自然な読み方ともいえる。

善導以前に観無量寿経の注釈書『観無量寿経義疏《ぎしょ》』を著した人物としては、浄影寺《じょうようじ》に住した慧遠（五二三―五九二）や嘉祥寺《かじょうじ》の吉蔵《きちぞう》（五四九―六二三）などがあげられる。この慧遠は、地論宗《じろん》に属した高僧で、廬山に念仏結社をつくった同名の人物と区別するため、浄影寺慧遠とも称される。吉蔵は三論宗《さんろん》の大成者である。この両師はいずれも観無量寿経は、心をしずめて目の当たりに仏を拝見し、罪障を消滅して浄土に往生する観仏の修行を説いたものと考えた。このように理解した場合、観無量寿経の教説のめあては修行のできる善人となる。修行ができない凡夫は、たとえ往生できるとしても、浄土のもっとも程度の低い場所にしか行けず、そこでさらに修行を積んで煩悩を浄化し、さとりの完成に向かうと解された。

また、摂論宗《しょうろん》という学派では、観無量寿経に説かれた称名念仏による往生の教説は、怠惰なものを励ます方便であり、凡人は簡単に浄土に往生できないと説いていた。

こういった先行する解釈に対して、善導は独自の観点から観無量寿経を読み替える。いったんテキストとなった大乗経典は仏説であると考えられているため、善導もその文言自体を改変することはない。しかし、読み方を工夫して独自の解釈をほどこし、観無量寿経の目的は、称名念仏の意義を説くことにあるという論を展開する。善導はこの読み方の正当性を観無量寿経の文言によって説明しているが、最終的にこの読み方の正当性を支えるのは、それが「成仏の教え」に相応しいのであり、それゆえ「釈尊の教え」とみなすことができるという確信である。さらに、この確信は善導の神秘的体験によっても支えられている。

このような善導のあり方は、経典が成立したあとの浄土思想形成の特徴をよく示している。浄土教の独創的な思想家はいずれも漢文で書かれた経典の文言を尊重する。ただし、その表面の意味にとらわれず、それを「成仏の教え」という観点から読み解き、後世に継承される。他方、思想だけが継承されるのではなく、その思想を支えた思想家の体験や人生が高僧伝や祖師伝という新たな物語となり、人々の心に迫っていく。

王舎城の悲劇

善導の解釈にしたがって、観無量寿経の物語を少し詳しく説明していこう。すでに触れたように、この経典の発端は、王子阿闍世が父である国王の頻婆娑羅王を餓死させようとし、王妃であり阿闍世の実母韋提希をも捕らえた事件である。阿闍世が父王を殺害して王位を奪ったという話は、多くの経典に父王殺害の記載があることからなんらかの歴史的事実にもとづくと推定される。

観無量寿経は、韋提希が捕らえられた状況を描くことから話が始まる。ただし、善導は『照明菩薩経《しょうみょうぼさつきょう》』などほかの経典の内容を付加し、王舎城の悲劇の発端をよりドラマチックに詳しく物語る。善導は、浄土教を民衆に広く伝えた宗教者であり、観無量寿経の意義が民衆の心情に届くようにしたのである。

善導が編成しなおした話は、父王に世継ぎが誕生しなかったときにまでさかのぼる。妃である韋提希には、なかなか子ができなかった。占い師にみてもらったところ、山中で修行している仙人が三年のちには死んで、父王の子として生まれるという予言を受ける。父王が家来を遣わしたところ、たしかに仙人がいた。父王は三年を待つことができず、仙人にすぐに死んで生まれ変わり、父王の子として誕生するよう依頼した。しかし、仙人は承知しなかった。そこで父王は家来に命じて仙人を殺した。仙人は死に際に、「王は家来に命じて私を殺させたから、今度は私が王の子として生まれ、家来に命じて王を殺してやる」と述べた。ほどなく韋提希が懐妊した。再び、占い師にみせたところ、「男子が生まれるが、この子はやがて王を殺す」と予言した。父王は迷ったが韋提希と相談し、出産のさい高楼から産み落として死なせることにした。

ところが、生まれた男子は地に落ちても小指を損なっただけで、命に別条はなかった。つまり、父王は阿闍世の前生である仙人を殺し、また生後すぐの阿闍世を殺害しようとした敵となる。父王は阿闍世にとって二生にわたる敵なのである。阿闍世はこの話を提婆達多《だいばだった》から聞き、父王を捕らえ牢獄《ろうごく》に閉じ込めた。

さて、夫である頻婆娑羅王に、王妃韋提希は飲食を届けた。見張りにみつからぬよう、衣服の飾りや冠にぶどう酒を詰め、身体にも食べ物を塗って夫にそれを食べさせた。文字通り体をはって夫の延命を試みたのである。また父王の心中を気遣った釈尊は、弟子を牢に遣わして教えを授けた。悲嘆にくれていた父王は、韋提希と釈尊の援助により、身心ともに癒《いや》されていった。ところが、それを知った阿闍世は怒り狂い、剣を抜いて、自分の母である韋提希を殺そうとした。父に味方するわが母もまた、賊であるとみなしたのである。ただし、王子の臣下二人が説得したので、殺害は思いとどまり、別の牢に閉じ込めた。

牢内の韋提希の心は憂いに満ち憔悴《しょうすい》した。そこで、かねて教えを聞いていた釈尊に遠く離れたところから説法を乞《こ》うた。釈尊は韋提希の牢に現れた。釈尊を前に韋提希は号泣し、怨《うら》みごとやくりごとを述べた。そして、五体投地《ごたいとうち》をし「清らかな世界を教えてほしい」と懇願した。

釈尊は、眉間《みけん》の白毫《びゃくごう》から光を放たれ、さまざまな仏国土を韋提希に見せた。韋提希はその中で、阿弥陀仏の極楽浄土に生まれることを願い、さらに極楽世界を思い描き、極楽世界と心が一つとなる方法を釈尊に尋ねた。その言葉を聞いた釈尊はにこやかに微笑《ほほえ》み、五色《ごしき》の光がその口から輝き出て、父王の頭上を照らした。そのとき、父王は幽閉されていたが、心眼が開けた。それから、釈尊は韋提希に極楽世界の姿を想い描くためのいろいろな方法を説く。それは韋提希だけではなく、清らかな行を修めたいと願う未来のすべての人々が西方の極楽世界に生まれることができるようにするためである。

以上が、観無量寿経の導入として善導が紹介する王舎城の物語である。

観無量寿経の主たる内容

観無量寿経の内容の中心となるのは、阿弥陀仏の姿を思い描くために釈尊が教示する十六の方法である。韋提希の要請に応じて、釈尊はまず浄土と阿弥陀仏、ならびに観音菩薩・勢《せい》至《し》菩薩などを観ずる十三種類の行、十三観を教える。はっきりと仏とその浄土の姿を見ることがこの行の目的である。心を仏や浄土の姿に専注し、乱想が静まったときに心眼が開けて見えるのである。この行を善導は「定善《じょうぜん》」と名づける。「定」とは「息慮凝心《そくりょぎょうしん》」（思いをとどめて心を集中すること）だと善導は説明している。一点に心を専注することによって心が統一され静かに安定した状態で仏の姿を見るのが「定善観」である。

しかし、定善のような修行ができない凡夫もいる。とはいえ、心が散乱しながらも、悪をおさえて実践できる善はある。外界の事象にとらわれて散り乱れた心のままで行う善であるので、それは「散善《さんぜん》」と呼ばれる。定善十三観に続いて、観無量寿経が説くのは、散善三観である。

散善には、行福《ぎょうふく》・戒福《かいふく》・世福《せふく》という三福の行がある。「福」とは心豊かなしあわせのことである。自分や他人にしあわせをもたらす行いのことであるので、ここでは善と同義となる。「行福」（行善）とは、大乗仏教で勧められている善行である。自他ともにさとりを完成しようと願う菩提心を起こし、大乗経典を読誦し、そこに説かれている善行を自分も行い人にも勧める。「戒福」（戒善）とは戒律をたもち生活を浄化する善である。「世福」（世善）とは、父母に孝養をつくし、仁義礼智信といった世俗における徳目を実践することである。

このような三福行を実践する人を三つに分けて説いているのが散善三観である。そして、その人たちはさらに三つに分けられ、九種類に分類される。この九種類の人が「九品《くぼん》」と表現される。「品」とは、ものや人を評価し、等級や格差をつけることである。散善三観では、人をその行いによって上中下に分け、その一々をさらに上中下に分け、上上から下下までの九種類に等級分けし、それを九品と表現している。

九品と三福行との関係は次のようになる。上上、上中、上下の上三品の人は、大乗仏教の行である行福を実践している凡夫の善人である。中上と中中の二品は、戒福を守っている凡夫の善人である。中下は世福を行っている善人である。下三品の人は、日頃は悪ばかり行う人で、その罪の軽重によって三種に分けられる。下上の人は、さまざまな悪行を働くものの、大乗の経典を誹ることはしなかった人。下中の人は、僧として守るべきことをしない、僧として最低の人。最後の下下品の人は、十悪《じゅうあく》五逆《ごぎゃく》という極重《ごくじゅう》の罪をつくる極悪人である。十悪とは、殺生や偸盗《ちゅうとう》などの十種の悪をいう。五逆とは父殺しや母殺しや、仏の身体を傷つけるなどの五つの重罪である。ところが、このような下品の悪人であっても、臨終において心から無量寿仏の名、すなわち南無阿弥陀仏を称えれば、重い罪が除かれ、極楽世界に往生できると説かれている。観無量寿経は、その終わり近くの下三品でようやく称名念仏の功徳を表立って説くのである。

とはいえ、下品の人は極楽に往生しても、相当の間、蓮華《れんげ》のなかに閉じ込められ、すぐにさとりを開くことができないとも説かれている。つまり、下三品の人が浄土で得る果報はきわめて低いものとされているのだ。そうであれば、称名念仏は、無力な臨終の悪人でも行ずることができる易行《いぎょう》ではあっても、行の中でももっとも劣った行となる。それゆえ、釈尊が観無量寿経を説いた目的は、称名念仏の素晴らしさにあったとは理解しづらい。浄影寺慧遠や吉蔵ら諸師が、観無量寿経の中心をなすのは、定善であり、そのなかで阿弥陀仏の真の姿を観想することだと考えたのは当然ともいえる。

善導独自の解釈

ところが、善導は観無量寿経について独自の解釈を提示する。そのさい、とくに注目するのは、観無量寿経の最後近くにある文言である。およそ経典の最後には、流通分《るずうぶん》という一段がある。釈尊が説法のあとに、聴衆から選んだ人に教説の肝要部分を授けて、永くそれを伝えるように託す箇所である。観無量寿経の流通分において、釈尊は、弟子である阿難《あなん》にこう告げる。

なんぢよくこの語を持《たも》て。この語を持てといふは、すなはちこれ無量寿仏の名を持てとなり。（『浄土真宗聖典（第二版）』一一七）

善導はこの言葉を注釈し、称名念仏を勧めるのが釈尊の本意であったと論じる。釈尊は、観無量寿経のなかで定善・散善あわせて十六観の利益を説いてきた。しかし、その教説の肝要として弟子に託したのは、阿弥陀仏の名を称えさせることであった。そもそも、無量寿経に説かれた本願に思いをいたせば、釈尊の本意が称名念仏にあったことがわかる。流通分の一段は、このことを明らかにしたのだというのである。善導の言葉を引用しておこう。「上来定散両門の益を説くといへども、仏の本願に望むるに、意《こころ》、衆生をして一向にもっぱら弥陀仏の名を称せしむるにあり」(『浄土真宗聖典(七祖篇)』五〇〇)。ここで善導はそれまでの仏教における価値基準を逆転させたのだ。

観無量寿経には、定善と散善のほかに、本願の行である称名念仏が第三の行として説かれたというのが善導の解釈である。観無量寿経を素直に読んでいくと、下品の悪人の臨終の行として説かれた散善の一行である称名よりも、上六品の善人が行っている散善の方がすぐれている。また散乱心で行う散善よりも、深い精神統一の中で行じる定善がすぐれているように見える。ところが、善導は流通分で称名が託された観点から、称名が本願の行であるので、それが釈尊の意にかなったすぐれた行だと解釈するのである(梯、二〇〇三)。

この解釈をより徹底させると、観無量寿経には二つの論理が展開されていたといえる。一つは、定善であれ散善であれ、廃悪修善《はいあくしゅぜん》によって仏への道を進むという仏教一般の論理、もう一つは、阿弥陀仏の働きにより、苦悩する衆生をなによりも救済するという本願の論理である。

この二つの論理の存在を、善導は、観無量寿経に「観仏三昧」と「念仏三昧」の二つのポイント（宗）があると説明している。観仏三昧とは、心を仏や浄土の姿に専注し、乱想が静まったときに心眼が開けてはっきりと仏の姿を見ることである。それでは念仏三昧とはなにか。善導がここでいう念仏三昧とは、ひたすら阿弥陀仏の本願を念じ南無阿弥陀仏に専念している称名の状態である。

善導以外の諸師は、観無量寿経の肝要を観仏三昧にみた。仏教一般の論理を主としてとれば、観無量寿経は「観仏三昧」を説く経典となる。しかし、善導は、苦悩の衆生を救済するという本願の論理にもとづき、「念仏三昧」の経典だとみなしたのである。無量寿経の本願に立脚する善導の観無量寿経理解は、のちの法然をはじめとする日本浄土教に大きな影響を与えていくこととなる。

2　善導の神秘的体験と生涯

善導の夢

善導は、経典の文言の読み込みにもとづいて、独自の観無量寿経の解釈をした。しかし、善導は、自らの解釈が正しい証拠として、自身が体験した神秘的な夢をもちだす。現代の文献学で経典の読解の正当性を自己の神秘的体験に求めることはありえない。しかし、善導はそこに最終的根拠をおく。このような経典読解の姿勢は実は善導に限らず、善導以外の多くの仏教者にもみられる。さらに、善導の神秘的体験はそれ自体が物語化されて、のちの浄土教で流布されていく。善導は『観無量寿経疏』の執筆前、執筆中、執筆後それぞれに夢を見ている。善導自身が記している神秘的体験を紹介しよう。

『観無量寿経疏』のあとがきに、著作の制作経緯を善導は次のように述べている。観無量寿経の解釈の重要な意義について、従来の誤解をなおし、正しい手本の解釈を確定しようと思った。そこで、もしこのことが諸仏、釈尊、阿弥陀仏などの大悲の願にかなうならば、夢の中で浄土のすべての境界を見られるようにと願を起こした。日ごとに阿弥陀経を三回読誦し、三万遍称名念仏をした。すると、願の通りに浄土を見ることができた。夢から覚めても喜びをおさえることができず、観無量寿経の要義を一つ一つ書きとめた。さらにその後、毎夜の夢に常に一人の僧が現れ、観無量寿経の奥深い要旨を教えていただいた。その教授をもとにこの書を書き終えてから、また七日を期間として阿弥陀経を十回読誦し、三万遍称名念仏をした。すると三夜にわたり奇瑞《きずい》に満ちた夢を見ることができた。こうして善導の信仰の正しさが証された。そして、善導は、このような夢の内容を記したのは、すべての人たちが西方浄土に心を寄せることを願ってのことだという。

『観無量寿経疏』の最後の文はこうである。「この義すでに証を請ひて定めをはりぬ。一句一字加減すべからず。写さんと欲するものは、もっぱら経法のごとくすべし、知るべし」。すなわち、ここに記した要義はすでに仏の証明を請うて、その証明を得て明白に定めたものである。一句一字も付け加えたり減じたりしてはならない。もしこの疏を書き写そうと欲する者はもっぱら仏の説かれた経法のように扱うべきである。よく理解しなさい、と断言するのである。

この善導のあとがきを法然はたいへん重要視した。『選択本願念仏集』の終わりに善導のあとがきの文章を引用して次のようにコメントをつけている。善導の『観無量寿経疏』は、西方浄土に教え導く書であり、念仏する者にとって目や足となるほど大切なものである。とりわけ毎晩、夢の中に僧が現れて、観無量寿経の深い真理を教えたというが、その僧はおそ

善導　善導大師像　知恩寺蔵

らく阿弥陀仏が姿を変えて現れたのであろう。そうであるなら、『観無量寿経疏』は阿弥陀仏が伝え説かれたというべき書である。そもそも、中国では善導は阿弥陀仏の化身であると伝えられている。そうであれば、『観無量寿経疏』は直接に阿弥陀仏が説いたといってもよい。善導はこの書物を仏の経法のごとく扱えと述べているが、これは真実である、と。

善導が記した夢の奇瑞を高く評価し、夢の中の僧を阿弥陀仏の化身とするだけでなく、善導そのものを阿弥陀仏の化身だと述べる。そして、善導がこのような神秘的体験を有したことを法然は自身の『選択本願念仏集』の主張を正当化する証拠としてあげるのである。

善導の生涯とその伝承

善導の生涯は、伝承に彩られている。歴史的事実と確証できることもあるものの、不明な点も多々残っている。近年、中国仏教史の流れのなかで善導の思想や生涯を正確に捉えようとする研究が進んでいる。ただし、法然をはじめとして日本の浄土教信者は、歴史的事実とはいえない、物語られた伝承を真実であると受け取ってきた。物語の中に真実性をみたといってよいであろう。そこで、その物語にも注目していくことにしよう。

善導の伝記は数多い。その中で、唐の道宣《どうせん》が著した『続高僧伝』は善導在世当時の行状を記しており重要な資料である。道宣は善導の十七歳年長の同時代人である。その後、中国では二〇種に及ぶ善導伝がつくられた。また日本では法然が撰述した『類聚《るいじゅう》浄土五祖伝』など八種が知られている。そのほか石などに彫られた善導にかかわる金石文《きんせきぶん》が数種ある。これらの碑文は直接に善導を顕彰する目的で作成されたものではないが、それだけに貴重な歴史的情報を伝えている。

善導の生誕年は、隋《ずい》の大業《たいぎょう》九（六一三）年、没年は唐の永隆《えいりゅう》二（六八一）年である。生誕地は定かでない。若くして出家して各地を巡り仏道を成就する道を求め、道綽を訪ねることになった。道綽は現在の山西省太原《たいげん》郊外にある玄中寺《げんちゅうじ》におり、そこで道綽から浄土思想を教えられた。善導が二十歳代から三十歳代前半の青年期の頃である。道綽と善導との関係については、興味深い話が伝わっている。唐の時代に編集された『往生西方浄土瑞応删伝《ずいおうさんでん》』によると、善導が道綽に「念仏によって本当に往生できるか否か」と問うたところ、道綽は「一枝の蓮華を仏前に置いて、七日の間、仏に向かってゆっくり歩いて、その間に花が萎《しぼ》まなければ往生できる」と答えたというのである。

ところがその後、宋の時代一〇八四年に編纂された『新修往生浄土伝』では、〈道綽と善導〉の問答が〈善導と道綽の弟子〉の問答に入れ替わる。しかも、その問答をそばで聞いていた道綽が感嘆したという話がそれに加わる。善導と道綽の弟子との問答に感嘆した道綽は、善導に「自分が往生できるかどうかを三昧に入ってみてほしい」と要請したというのである。そこで善導は、三昧に入って「師［道綽］は、三つの罪を懺悔《ざんげ》しなければならない。そうすれば往生できる」と告げた。道綽がその通りに懺悔すると善導は「師の罪はすでに滅した。後に白光がかがやくであろう。それが師の往生のすがたである」と述べたというのである。ここでは師弟関係が逆転し、師の道綽が弟子の善導に自分の往生の可否を尋ねているように描かれている。

宋代には、善導への崇拝は高まっていたのに対して、道綽は重視されなくなった。また、善導は三昧の境地を得た師だとして尊敬されるようになった時代背景のなか、この話が創作されたのであろう。ただし、創作された物語が、のちに真実を語るものであると受け取られていくことになっていった。たとえば法然は、多数の浄土祖師のなかでとくに善導をよりどころとする理由として、この伝承を『選択本願念仏集』であげている。

善導が数え三十三歳のとき、道綽は亡くなった。この頃、善導は唐の首都長安に赴く。善導は長安近郊の終南山《しゅうなんざん》に居住し、そこからしばしば長安に出向いて浄土教の教化活動を行ったのである。長安で活躍した善導の名は、次第に知られるようになり、その盛名は唐の王室にも聞こえるようになった。その後、善導は龍門の大毘盧遮那仏《だいびるしゃなぶつ》造営の検校《けんぎょう》僧に任命された。検校僧とは、仏像の様式・図案を決定し造営を監督する役である。現在、世界文化遺産にも登録されている龍門石窟は、洛陽《らくよう》の郊外に位置し、四〇〇年以上かけて堀削がなされたが、善導はその中で最大の石仏造営に携わった。唐代の龍門石窟造営は、皇帝の高宗《こうそう》とその皇后則天武后《そくてんぶこう》の発願・勅令による国家的事業であり、善導が検校僧だという設立の経緯が大毘盧遮那仏の台座に記されていた。善導は龍門の石像造営のため、長安を離れ、おそらく六十歳のときから三年ほど洛陽近辺にいたと考えられる。還暦を迎えた善導は朝廷からも高僧と認められ、国家的事業にかかわっていたのである。

善導の臨終

善導の臨終の様子は不明である。ところが、のちに善導は柳の木の上に登ってそこから投身往生したという伝承が生まれた。興味深いことに、これを法然は信じ、善導の徳の一つに数えたことである。この伝承は次のようにして生まれた。

先述したように、道宣『続高僧伝』は善導と同時代に書かれたものであり、情報の精度は高い。この『続高僧伝』に善導の信者の一人が自殺したという話が載っている。善導の周りに多くの信者がいたことを紹介したうえで、長安の光明寺《こうみょうじ》で善導が説教しているのを聞いて感激した一人の信者の話を記している。この人は、念仏をすれば浄土に生まれることができると善導から聞き、念仏を称えながら光明寺の門を出て、柳の木の上に登り、合掌して西に望み、投身自殺をした。そして、この事件は、当時の政府の役所にまで聞こえたというのである。これは、とくに善導を褒め讃えるものではなく、長安で起こったいささか衝撃的な事件を伝えたにすぎない。ただし、それだけに当時の善導の様子をリアルな仕方で伝えていると判断できる。

ところが、善導死後、四〇〇年ほどたち、宋代に編集された『浄土往生伝』では、善導が投身自殺をしたことになり、その後、この話が継承されていった。この改変の背景には、やはり善導への崇拝への高まりがあったと推察される（藤田、一九八五）。そもそも、善導の信者の投身自殺の話は、『続高僧伝』の「遺身篇」に付記されていたものであり、護法のために命を捨てた「捨身」と位置づけられていた。捨身とは仏や生き物のために身を投じて供養することである。それは結果的には自殺と同じであるものの、その動機としては菩薩精神にもとづく布施の行である。そのため、仏伝や僧伝において捨身は高く評価されてきた。

後世において、善導を「阿弥陀仏の化身」と表現する伝記も現れ、たんなる人間ではなく、善導は阿弥陀仏がこの世に現れた姿だと信じられてきた。そのため、善導の死に方も通常ではなく、捨身したのだと当時の善導讃仰者は考えるようになっていった。そこで『続高僧伝』に記載された善導の信者の捨身を、僧伝において高く評価されている捨身に重ね合わせて、善導自身の捨身に改変したのだろう。このように善導伝という形式で新たな浄土教の物語が生まれ、それが人々の心に訴えていった。

3　浄土思想の大成者

称名念仏の称揚

善導は浄土思想を体系化した。その思想は、五部九巻といわれる著作によって伝わっている。五部とは『観無量寿経疏』『法事讃』『往生礼讃』『観念法門』『般舟讃《はんじゅさん》』の五つの著作である。そのうち『観無量寿経疏』は「玄義分《げんぎぶん》」「序分義《じょぶんぎ》」「定善義」「散善義」の四巻からなり、『法事讃』は上下二巻あるので、各々の巻数をあわせて九巻となる。これらの著作のうち、浄土思想を明らかにした『観無量寿経疏』は「解義分《げぎぶん》」とか「本疏《ほんしょ》」などといわれる。そのほかの四部五巻は、大衆参加の法要儀礼の具体的方法を示している。仏教では、宗教儀式のやり方のことを「行儀《ぎょうぎ》」という。そのため、これらの著作は「行儀分」あるいは「具《ぐ》疏《しょ》」などと呼ばれる。

浄土思想家としての善導のなによりの貢献は、「称名念仏」を称揚し、この意味での「念仏」を広く伝えたことにある。現在の日本では、口で南無阿弥陀仏を称えることが念仏だと考えられているが、それは中国の善導の影響によるところが大きい。もともと「念仏」の意味は、心を集中させて仏を憶念《おくねん》することであった。観察あるいは観法という瞑想方法もこの意味での念仏の一つであり、観無量寿経の定善観で説かれているのは「観想の念仏」ともいわれる。聖道門仏教では、観想の念仏をすぐれたものとみなし、称名念仏を劣ったものとみなしていたのに対して、善導は称名念仏の意義を説いたのである。

『観無量寿経疏』では、経典の意味を読み解くという仕方で、称名念仏の意義を示したのだが、『往生礼讃』では称名念仏を重要視する理由に、称名念仏が易行であることをあげている。凡夫である人間には妨げになるものが多く、観想する境界は微細であるのに意識はあらく心は乱れるので、観想は成就しがたい。それゆえ仏が憐《あわ》れみ、南無阿弥陀仏を称えさせるのだとする。

ところが、称名念仏を重要視する善導の経典読解は、近代の実証的な文献学の立場から批判されている。たとえば津田左右吉《つだそうきち》は論文「念仏と称名」（初出は一九三七年）において善導の称名を重んじた浄土三部経の解釈は原文に即していない点を詳細に批判している（津田、一九六五）。津田の批判は、善導が念仏を称名と解釈している点に向けられる。善導の解釈の根幹には、第十八願の「十念」を「十称」と読み替え、「念」を「称」あるいは「声」と同一視した点にある。第十八願の漢語の「念」の言語は、サンスクリット本では「心」(citta)であり、原語と照らし合わせてみれば口称の意味はないからである(藤田、一九七〇、五四六―七)。

本書の冒頭から述べているように、仏教には「釈尊の教え」と「成仏の教え」という二つの捉え方がある。善導は経典を「釈尊の教え」として尊重していたのは間違いない。ただし、衆生が成仏できるか否かという観点からそれを受け取りなおしたのである。称名念仏こそが仏教の核心であるとした根底にあるのは、善導の宗教体験である。その体験は自身が凡夫であるという痛切な自覚と結びついている。凡夫の自覚が浄土思想家としての善導の大きな特徴である。自己のいたらなさを善導はしばしば告白している。「我ら愚痴の身」「余はすでに是《こ》れ生死《しょうじ》の凡夫」など多くの表現がある。善導は、人間を一般的に見るのではなく、自己のあり方を主体的に見つめている。この凡夫の自覚が観無量寿経の解釈のもとにある。自己の本性の自覚が阿弥陀仏への絶対的帰依と重なるのである。

観無量寿経の主人公である韋提希についての善導の解釈も、この凡夫の自覚と密接に結びついている。観無量寿経の主要部分は、牢獄に閉じ込められた韋提希に対して、釈尊が説教する内容であった。釈尊の説教の受け手の韋提希を、「聖者」であり、「高位の菩薩」であると浄影寺慧遠ら諸師は解釈していた。ところが、善導はそう考えない。観無量寿経で釈尊は韋提希に向かって、「心想羸劣《るいれつ》の凡夫」であると述べている。「心が劣っている凡人」であると断言するのである。善導は、経典に説かれているように韋提希は、実際に凡夫だとする。したがって、将来の凡夫も、韋提希と同じように凡夫であるままで、仏の力により救済にあずかるとする。この考え方を「韋提実凡説」といい、善導の人間理解がよく示されている。

西方浄土

阿弥陀仏と浄土の理解の仕方にも、善導の浄土思想の特色がある。日本の浄土思想で一般的になった浄土観は、善導の「指方立相《しほうりっそう》」の論によるところが大きい。指方立相とは、浄土が西方の方角にあることを指し示し、具体的な様相をもって成立していることをいう。三部経にすでに説かれていたこのような浄土の捉え方を善導がことさらに強調したのは、当時中国の仏教界で一般的であった浄土観への反論でもあった。当時の中国仏教界では観無量寿経で説かれた浄土は無形的・唯心的な世界であるとみなすことが一般的であった。西方はるか遠くに極楽浄土があるなどと説くのは、愚かな民衆の心を一つのところにつなげさせるための、一時的な方便にすぎないというのだ。あらゆる現象に固定不変な実体はないという仏教の理念からすると、阿弥陀仏の浄土はかたちがなく、それは分別の念を離れていると考えられたのは不思議ではない。

しかし、煩悩に覆われた凡夫は、かたちを立てて観想することさえ容易ではない。まして や、かたちを離れて観想を実践することはできない。仏はこのことをよく承知しているので、あえて西方という方角を指示し、かたちのある姿を示したのだと善導は考える。凡夫のための教説が指方立相の論なのである。

もちろん、善導は仏教の伝統的真理観も当然知っている。浄土が本質的に時間・空間を超越した「寂静無為《じゃくじょうむい》」、すなわち永遠のさとりの世界であり、阿弥陀仏の願力によって実現した世界であることも善導は説いている。また、浄土の空間的位置の問題についても善導は思索をめぐらしている。経典には、浄土の位置について食い違う説明がある。一方で、浄土は西方十万億土を超えたはるか遠くに位置しているとされる。ところが他方、また「此《ここ》を去ること遠からず」とも説かれている。この矛盾するような経典の文言について善導は解釈を試みる。善導の解釈の要点は、浄土は地理的に遠く隔たっているのではないという点にある。迷いの世界とさとりの世界との区別はあるので、浄土は俗世を超越するという点では遠くに位置しているといえる。しかし、その超越は迷いの世界を内につつむものであるので遠くないのだと説明する。このような仏教哲学をもっているものの、善導は西方浄土という空間性にこだわる。善導からすると絶対の世界も、それを凡夫の身がリアルに捉えるには、指方立相が必要不可欠だと考えるからである。

善導の浄土観は、感覚的なイメージを重要視した素朴な救済観だと思う人もいるかもしれない。しかし、善導の思想には理性や知性のみで生きることのできない、有限な身体をもった具体的な人間の救済の哲学がある。指方立相の意味を宗教哲学の観点から深く考察した武《たけ》内義範《うちよしのり》は、真の意味での超越である救済には、「どこからどこへ」という働きが必要であるとする。そして、この「どこからどこへ」ということには、此岸《しがん》（俗世）から彼岸《ひがん》（浄土）へとだけでなく、彼岸から此岸へと来る働きも含まれると論じる（武内、一九七四）。

つまり、西方浄土というイメージには、人間がこの世界から浄土に行くという超越性とともに、浄土からこの世界に働きかける超越性があるというのである。このような二重の働きを有限な人間がリアルに捉えるには、西方浄土というイメージなしで果たして可能であろうかと、武内は問うている。現代の科学的思考からすると過去の思考形態のように思える指方立相は、実のところ、有限な人間の全体的な救済を可能にする宗教的地平を開いているのである。いずれにしても、善導の浄土観が日本の浄土思想の大枠となったのである。

4　善導の布教方法

具体的な人間のあり方を見据えた浄土思想をもとに、善導は積極的に民衆布教を行っていった。その民衆教化の方法には、さまざまな仕掛けや工夫がなされた。善導が制定し実践した法要儀礼には、その工夫がよく表れている。

大衆参加の法要儀式

儀式は物語を自己のものにするうえできわめて重要である。現代人は、物語といえば一人で本を読んで理解するというイメージが強いであろう。しかし、長い間、人類は物語を文字化せずに伝承してきた。とりわけ宗教の物語は、儀式の中で演じられ、そこで詠《うた》われてきた。この儀式に大衆は第三者として立ち会うのではなく、それに能動的にかかわり、儀式のなかで語られる話を五感で受けとめ、自分のものにしてきた。善導は、このような物語の本来的な働きをいかすため、浄土教の物語を伝える儀式を新たな仕方で制定したのであった。

大衆参加の法要儀礼の具体的方法を善導は、四部五巻からなる「行儀分」のなかで示している。各著作は、性格の違う儀式の方法を定めている。『法事讃』は、特定の施主の依頼によって挙行される法要の次第を定めている。『般舟讃』は、施主のためにではなく、自己の行として七日から九〇日の長期にわたってなす行儀を記している。『往生礼讃』は、六時礼讃とも呼ばれ、一日を六時に分けて平生になす行儀を示している。善導初期の著作とみられる『観念法門』は、観仏三昧の方法や懺悔について説明している。これらの著作のなかで『法事讃』を例にとって善導の工夫を説明しよう。

『法事讃』は阿弥陀経を読誦することを根幹におき、浄土往生を願う儀式のための作法書である。全二巻からなる『法事讃』の上巻は、阿弥陀経を読誦する前に、導師が読む表白文などの式次第が細かく定められている。大切なのは、儀式は一部の僧侶だけで進行するものではないことである。たとえば、僧侶が偈の一部を称えるとそれに応じて大衆が応答するようになっている。以下に示した偈では最初に高座にいる僧侶が「般舟三昧楽」と発声すると大衆が次に「願往生」と唱和する。また僧侶が「大衆同心厭三界」というと「無量楽」と唱和する。このように奇数句には「願往生」が、偶数句には「無量楽」が繰り返し挿入され、讃偈とともに唱和されるようになっている。

般舟三昧楽　願往生　大衆同心厭三界　無量楽

般舟三昧楽　願往生　三塗永絶願無名　無量楽

三界火宅難居止　願往生　乗仏願力往西方　無量楽
般舟三昧楽　願往生　念報慈恩常頂戴　無量楽
大衆持華恭敬立　願往生　先請弥陀入道場　無量楽
［後略］

唐の時代には、仏教儀礼が発達しさまざまな法会《ほうえ》が開かれた。善導の法式もこの時代風潮の流れに棹《さお》さしている。ただし、そこに善導は独自の創意をした。規則的に定型句を挿入し、リフレイン効果をもたらす方法は、善導がはじめて導入したとされる。『般舟讃』でも同じような方法をとっている。「願往生」や「無量楽」という挿入句は拍子をとるための「合いの手」・「囃子詞《はやしことば》」だと中国浄土教儀礼の専門家である齊藤隆信《さいとうたかのぶ》は表現している（齊藤、二〇一五）。このような挿入句により一定のテンポが生み出され、大衆も宗教儀礼に自ら参加する感覚が体感され、場の一体感が増すのである。

『法事讃』下巻は、阿弥陀経を読誦する方法を説いている。善導は阿弥陀経を十七段に分ける。まず高座にあがった僧侶が阿弥陀経のなかの一段を朗読する。そのあとに韻律を整えた讃嘆文を合唱する。讃嘆文では浄土の素晴らしさや阿弥陀仏の徳が称讃される。この讃嘆文を高座の僧侶と下座の大衆が交互に繰り返して詠みあげる。このようにして阿弥陀経の経文が一段ずつ詠み進められる。阿弥陀経を詠み終わったあと、今度は懺悔文が詠みあげられる。懺悔文も高座の僧が詠みあげるだけではない。僧が一文を詠みあげるとそのあとに大衆がそれを繰り返して詠みあげる。懺悔は、殺生・偸盗・邪淫《じゃいん》・妄語など十悪それぞれになされ、その懺悔の最後は、いずれも「至心に阿弥陀仏に帰命《きみょう》したてまつる」という文言となり、阿弥陀仏への帰依を一同で表明するのである。

そのほか、儀式の間に仏のまわりをまわることや、焼香や仏を讃えるために花を散布する散華《さんげ》をすることも『法事讃』は定めている。善導は、阿弥陀仏の世界に大衆を導くためにさまざまな仕掛けをしたのである。

念仏興行のための台本

浄土思想の理論を構築したものとして受け取られてきた『観無量寿経疏』も、実は純粋な理論書ではない（齊藤、二〇一五）。善導の活躍した唐代では俗講《ぞっこう》が盛んであった。俗講とは大寺院に民衆を集めて特定の経典を講義する儀礼である。経典を講義するので講経ともいわれるが、善導のは平板な講義ではない。参集する民衆がたんなる傍観者とならないように工夫されている。宗教的な雰囲気の中に身をおき、実際の儀礼に主体的に参加することが企図されているのである。『観無量寿経疏』は、観無量寿経を散文形式で解釈するだけでなく、そこに多くの讃偈《さんげ》が挿入されている。この讃偈の存在から、これを唱和するような儀礼が想定される。すでに述べたように、善導の『観無量寿経疏』は観無量寿経を独自に解釈し、浄土思想に決定的な影響を与えてきた。しかし、それは在俗信者相手の講経儀礼から生み出されたものであり、いわば念仏興行のための台本というべき側面を有していた。

在家の在俗信者を相手に『観無量寿経疏』が作成されたと推察される、いくつもの理由がある。第一に、仏教用語にかなり丁寧な説明がなされている。仏教の専門家相手であれば不要であるような難解な仏教用語に説明が加えられているのは、在俗の人を相手に作成されたためと考えれば理解できる。

第二に、孝養父母の解説が過剰に長いこともあげられる。行福、戒福、世福の説明のなかで、世福の中の孝養父母にかかわる説明が他に比して異様に長い。もちろん出家した僧も父母との接触が完全に断たれるわけではない。出家者も父母を仏道に導くという孝養はすることができる。しかし、それだけではこの説明の長さは理解しがたい。『観無量寿経疏』の布教相手が主に僧ではなく、儒教の強い影響下にあった在俗の人と考えればこの点のつじつまが合う。

最後に、『観無量寿経疏』の説明には比喩《ひゆ》や説話が多い点について、大衆相手の台本と考えれば納得がいく。先に述べたように、善導は王舎城の悲劇の内容を観無量寿経に書かれて

二河白道　二河白道図　光明寺蔵

いる以上に劇的に描き、韋提希の苦悩を示している。それ以外にも、二《に》河《が》白《びゃく》道《どう》という有名な比喩を説いている。日本ではこの比喩をもとにした絵画が描かれ、説教の場でしばしば絵解きがなされた。

旅人の前に、現世である東岸と浄土である西岸とを分かつ河があり、そこに一本の白道が西岸まで続いている。白道の左の河は火が燃え盛り、右は波が逆巻く水の河である。東岸にいる旅人の後方には、恐ろしい賊と獣（群賊悪獣）が群れをなし襲ってこようとしている。その状況の中で、東岸から釈迦《しゃか》が白道を勧め、西岸から阿弥陀仏が旅人を護《まも》るという呼びかけをする。その結果、無事に西岸の極楽浄土につき、諸難に遭《あ》うことはなかった、というのである。

この二河白道の譬《たと》えを法然は『選択本願念仏集』第八章に全文を引用し、浄土信仰を妨害する群賊を聖道門のことだと述べた。この点について、華厳宗《けごんしゅう》の明恵《みょうえ》は大いに反発した。善導自身は聖道門を群賊に譬えているわけではないのに、法然は善導の意図を誤解したというのである。いずれにしても、二河白道の譬えは、浄土教の信仰のあり方をわかりやすく説明しており、このような論争を経ながら広く知られるようになっていった。

阿弥陀経の写経

善導の長安での活躍を『続高僧伝』は、こう伝えている。長安に入って広く浄土教の教化を行い、阿弥陀経を数万巻写した。善導に仕える男女は無量であった、と。いささか誇張があるにしても、多くの信者が長安にいたのはたしかである。善導は長安の人にだけ影響を与えたのではない。善導の名を記した阿弥陀経の願文がシルクロードの拠点地、トルファンで発見されている。浄土真宗本願寺派の法主大谷光瑞《おおたにこうずい》が組織した大谷探検隊が、現在の中国新疆《しんきょう》ウイグル自治区トルファン市で一九〇九年に発見した古写経のなかに、阿弥陀経の断簡が二十七葉もあった。その中に「願往生比丘善導写弥陀……」という善導によるものと認められる断簡が見出された。この発見によって善導が阿弥陀経の写経活動を積極的に展開した事実がほぼ裏付けられた。八世紀後半に記された『往生西方浄土瑞応刪伝』には、善導は生涯に阿弥陀経を十万巻写したと伝えていた。ここから類推するに、善導は、信者から受けた布施によって多数の阿弥陀経の書写を行い、その写本を人々に与え浄土教の流布をはかったのであろう。もっとも書写したのは善導一人でなく、書写生を用いて組織的に活動し、善導がその活動を主導したと推測される。

善導は、俗世を離れた僧房にこもって著作活動にのみ専念していた学僧ではなかった。清僧として戒を守り経典を読誦しつつも、浄土の教えを多くの人に広めたのである。

浄土変相図

『往生西方浄土瑞応刪伝』は、浄土教を伝えるために、善導は浄土変相図を二百幅も制作したことも伝えている。一般に、浄土変相図とは、経典に示される仏国土の様子を絵画的に表現したものである。釈尊や薬師如来などの浄土を描いたものもある。しかし、善導のかかわった浄土変相図とは阿弥陀仏の仏国土を表したものであり、阿弥陀浄土図や阿弥陀浄土曼荼羅などとも呼ばれる。

中国から西域地方に出るシルクロードの要衝の地、敦煌莫高窟《とんこうばっこうくつ》には多くの浄土変相図がある。阿弥陀浄土を視覚化する浄土変相図の成立には、観無量寿経とのかかわりが深い。観無量寿経の表立った教説は、阿弥陀仏の浄土を思い描く方法を示すことにある。そのため、浄土変相図を描く場合、なによりも観無量寿経が重要なテキストとして用いられたと考えられ

莫高窟第一四八窟

る（大西、二〇〇七）。

莫高窟には、四世紀の前涼《ぜんりょう》時代からの数多くの壁画があるが、浄土変相図が盛んに描かれたのは、隋から唐のはじめの時代である。これは、中国の中央での観無量寿経への関心の高まりと対応している。浄影寺慧遠や吉蔵が観無量寿経の注釈疏を著し、善導の師道綽が活躍し始めた頃から盛んに制作されていった。

莫高窟の浄土変相図の多くは、観無量寿経をもとに制作された。そのなかに、中央に阿弥陀仏を中心に極楽浄土だけを描くだけでなく、外縁部に観無量寿経の序分や十六観を付加した浄土変相図がある。従来、善導の『観無量寿経疏』がこの種の浄土変相図制作に決定的な影響を与えたと日本の研究者は考えてきた。しかし、現在での研究は、たとえ影響があったとしても、それはかなり限定的なものであり、善導の弟子を介してであったと推測されている（大西、二〇一七）。いずれにしても、善導の著作と活動は、莫高窟にまで及んだと推測されるまでの力を秘めていた。

善導が制作したといわれる浄土変相図そのものは現存していない。しかし、日本では、鎌倉時代以降、奈良県當麻寺《たいまでら》に現存している當麻曼荼羅といわれる浄土変相図が善導の『観無量寿経疏』にもとづいて制作されたと信じられ、それが転写・模写されたものが多数つくられてきた。善導の『観無量寿経疏』の成り立ちから類推するに、浄土変相図を掲げて、その絵解きのようなことをしながら観無量寿経の意義を信徒らに向かって説いたのであろう。

善導によって浄土教はその教義も儀礼も大きなまとまりをえた。日本の浄土教はこの善導から決定的な影響を受けて、展開していくのである。

第三章　平安浄土思想から法然へ

1　源信の往生物語

日本への浄土思想の伝来

仏教が公的に日本に伝わってきたのは、欽明《きんめい》天皇の治世の六世紀の中頃である。以後、次第に浄土思想も広がっていった。平安浄土教の代表者である源信《げんしん》にいたるまでの浄土思想の受容の状況を簡単にみておこう。

飛鳥《あすか》時代に、すでに阿弥陀仏の浄土思想は伝わっていた。『日本書紀』に、無量寿経が宮中で講じられたという記述がある。講じた人物は恵隠《えおん》という僧で、小野妹子《おののいもこ》とともに隋に行き、中国で三一年間学んで帰朝した人物である。数は多くなかったものの阿弥陀仏像も造られた。

奈良時代に入ると阿弥陀仏像も次第に増えてきた。『正倉院文書《しょうそういんもんじょ》』の記載から、浄土教の基本的な経典や論書も伝わってきたことが知られている。浄土思想の理解に取り組んだのは、主として南都六宗の僧侶たちであった。かれらの主要な関心は、学問的探求にあった。中国や朝鮮から伝えられた多くの浄土教の経典や論書やその注釈書を読解し、中国や朝鮮の知的水準に追いつこうとしたのである。

南都六宗の代表的な学僧は、三論宗の智光《ちこう》（七〇九―七八〇頃）である。三論宗は、南都六宗のうちでもっとも早く日本に伝来した学派である。龍樹《りゅうじゅ》の『中論』と『十二門論』、その弟子の提婆の『百論』の三部を所依の論とする。智光は浄土思想以外にも多くの書を著しているが、浄土思想関係では『無量寿経論釈』『観無量寿経疏』などの著作がある。とはいえ、浄土思想は学問の対象として受容されただけではなかった。阿弥陀仏が造られたのは、さしあたり死者の追善が目的であった。この追善という行為を背景に、自身が極楽往生を願う信仰も養われてきた。

平安時代に入ると浄土教は貴族を中心に浸透していった。そのなかで重要な役割を果たしたのは、天台浄土教である。最澄《さいちょう》（七六七―八二二）が天台宗を開いた比叡山《ひえいざん》では、阿弥陀仏を念じる実践行がなされていた。そもそも、中国で天台教学を樹立した智顗《ちぎ》（五三八―五九七）の著作『摩訶止観《まかしかん》』に、常行三昧《じょうぎょうざんまい》という修行法が説かれていた。『摩訶止観』は、心をしずめて一つの対象に集中してさとりにいたる四種の三昧を説いている。すなわち、常《じょう》坐《ざ》・常行《じょうぎょう》・半行半坐《はんぎょうはんざ》・非行非坐《ひぎょうひざ》の四種の三昧の法である。

そのうちの常行三昧は、九〇日間、口に阿弥陀仏の名を称え、心に阿弥陀仏を念じ、阿弥陀仏像のまわりを行道する行である。ただし、この常行三昧は往生浄土を直接の目的とするものではなかった。この行法は般舟三昧《はんじゅざんまい》経に由来するものであり、修行の目的は、この身このままで仏を見る、現身「見仏」を目指すことにあった。

比叡山に念仏行を定着させたのは円仁《えんにん》（七九四―八六四）である。最澄の弟子である円仁は、入唐《にっとう》し、浄土教のさまざまな経論を持ち帰るとともに、唐の五台山《ごだいさん》で実践されていた五《ご》会《え》念仏の儀礼を法式化した。五会念仏とは、独自の節回しで念仏する音楽法要とでもいうべきものであった。円仁の死後、円仁が定めた法式が「不断念仏」という名で年中行事として行われるようになった。不断念仏は『摩訶止観』の常行三昧とは異なり、往生浄土を目的とするものであった。不断念仏は「山の念仏」ともいわれ、極楽往生を願う心を貴族のうちに喚起し、浄土信仰が普及していった。

円仁以降、阿弥陀仏の名を称え、その身を観じようとする信仰は、延昌《えんしょう》（八八〇―九六四）、良源《りょうげん》（九一二―九八五）、源信（九四二―一〇一七）、良忍《りょうにん》（一〇七三―一一三二）などによって伝えられていった。良源は、天台座主《ざす》となり、比叡山を再興した人物である。二度にわたる大火（九三五年と九六六年）などもあり、比叡山はいったん荒廃・衰退したのであるが、これを再興し、発展させた。比叡山横川《よかわ》の地に、常行三昧堂も建てた。また、教学を振興させ、多くの弟子を育成した。良源の弟子の中で、浄土思想においてもっとも重要な人物が源信である。

平安時代の比叡山の念仏は、観想の念仏が主であったと思われがちであるが、事実はそうではない。十世紀の比叡山では、むしろ称名念仏が中心であった。良源の著作では、観無量寿経の下三品に説かれた称名念仏が主たる議論の対象であった。また、比叡山の不断念仏においても称名念仏が重要な構成要素であった。庶民への念仏も普及しつつあった。空也《くうや》（九〇三―九七二）は、金鼓《きんこ》を打って念仏を称え、民衆の中に入っていき、十世紀の社会に念仏を広めた。

さらに天台の僧侶良忍を開祖とする融通《ゆうづう》念仏宗の教えは、称名念仏の功徳を説くものであり、称名念仏の流布が前提となっている。融通念仏とは、「一人がとなえた念仏の功徳は万人の功徳となり、万人の念仏は一人の念仏と融合する」という考え方である。融通念仏の思想が形成されたのは、称名念仏に高い価値がすでに認められていたことの一つの証《あか》しである。

源信は、平安浄土教を代表する僧である。源信にはいくつか伝記が残っている。そしてその伝記をもとに、その生涯について伝説を含んだ物語が生まれ、人口に膾炙《かいしゃ》していった。

源信は、大和《やまと》国葛城下郡《かつらぎのしものこおり》當麻《たいま》郷（現在の奈良県香芝《かしば》市）に誕生した。出生地からさほど遠くないところに當麻寺がある。當麻寺には、日本の浄土変相図の代表である當麻曼荼羅が所蔵されている。父は卜部正親《うらべのまさちか》で母は清原《きよはら》氏の出といわれる。母は信仰心の篤い人であり、この信仰心の篤さがのちにさまざまな物語で述べられることになる。源信には姉妹がおり、姉の願西《がんさい》も妹の願証《がんしょう》もそれぞれ出家し、篤信の人として後世にその名が伝えられている。

比叡山に登った源信は、横川の良源の門に入り、得度受戒をし、天台教学を学んだ。源信の名が一躍知られるようになったのは仏教論議での活躍である。九七三年六月に、広学竪義《こうがくりゅうぎ》に及科し延暦寺《えんりゃくじ》の学僧となった。「広学竪義」の「竪義」とは、論議問答を通して自分の意見を述べ、義を立てることである。その内容が仏書だけでなくそれ以外の書籍にまで広く試されるので「広学竪義」という。翌年の九七四年、源信は宮中で開かれる論議に天台僧四人の一人に抜擢《ばってき》され、円融《えんゆう》天皇の前でその才能を示すことになった。このとき居合わせた貴族平親信《たいらのちかのぶ》の日記に、源信の論議を「諸人称善」、人々が口々に善と称《たた》えたと書かれている。平親信は源信と近しい関係にある人物ではないので、宮中での源信の弁舌はそこにいた人々に鮮やかな印象をたしかに与えたのであろう。九七八年には『因明論疏四相違略《いんみょうろんしょしそういりゃく》註釈』という書物を著すなど学僧としての名声がさらに高まっていった。

ところが、源信は横川に隠棲《いんせい》し、修行と著作に打ち込むようになった。貴族化していた比叡山のあり方から距離をとろうとしたのであろう。このときに、仏道修行に励むようにという母の諫《いさ》めがあったとも伝えられている。いずれにしろ、横川にいた源信は、九八四年十一月から主著『往生要集』を書き始めた。翌年の一月に師である良源の死にあいながらも、この四月に書き上げた。『往生要集』は浄土思想を体系的にまとめた著作として後世に大きな影響を与えることになった。

九八六年に『往生要集』を指南として、横川の首楞厳院《しゅりょうごんいん》の僧二五人が念仏結社である二十五三昧会を結成した。結成後まもなく、源信は指導者としてここに招かれ、八箇条からなる「横川首楞厳院二十五三昧起請」が作成された。これをさらに一二箇条に広げた起請文が源信の名のもとにつくられ、会の運営がなされていった。信仰を同じくするものが平生から集まり、臨終までも助け合い、さらに葬儀もすることがこの会の主旨であった。浄土教の新たな実践形態の創出にも源信は深くかかわったのである。

一〇〇四年に源信は権少僧都《ごんのしょうそうず》に任じられた。権少僧都は律令《りつりょう》制における僧官の一つであり、世俗的な秩序に属する位階である。源信を取り巻く状況から、いったんはそれを受けたものの、翌年には辞した（小原、二〇〇六）。

源信が生前に修行した行法についての記述が残っている。それによると、念仏二十倶胝《くてい》（倶胝は千万あるいは億）遍を行じ、大乗経典を五万五千五百巻（法華経八千巻、阿弥陀経一万巻、般若経《はんにゃきょう》三千余巻）を奉読し、大呪《だいじゅ》（長い呪文）を百万遍念じたなどとしている。さらに仏像を造り、経巻を書き写し、布施をしたという。論書を書くだけでなく、超人的な行を修めたのである。一〇一七年六月十日に示寂《じじゃく》した。

源信についての伝説

源信の死後、いくつもの伝記や物語が生まれた。そのなかでよく知られているのは、その母にかんするものである。『今昔物語集』の「源信僧都の母の尼、往生せる語《こと》」（巻第一五第三九）は、道心の深い母とその期待に応えた源信との関係を伝えている。源信が宮中から褒美の品々を母に送ったのが話の発端である。『今昔物語集』では、三条の大后《おおきさき》の宮（朱雀《すざく》天皇皇女昌子《しょうし》内親王）に法華八講に呼ばれて献上品をいただいたとされる。母に手紙を添えて献上品を送ったところ、諫める返事が送られた。「この母が源信を法師としたのは、法華八講などに出入りさせるためではありません。それは学問をしっかり身につけ、尊い人になり、母の後生を救ってもらいたいからです」と。この手紙を見た源信は、感激して涙を流し、比叡の山での修行に専念するようになった。

そして九年のときが流れた。源信は胸騒ぎがして、母のもとに行ったところ、まさに母は危篤の状態であった。源信の先導のもと母に念仏を勧めると、母はそれに応じて道心を起こして、念仏を一、二百遍ほど称えて、夜明け前の時分になって消え入るように亡くなり往生した。源信はこのことをもって、「母は私を聖人の道に導き入れ、私は母を極楽往生に導いた」と言って、涙を流しながら横川に戻ったというのである。

『今昔物語集』成立のあと、母からの手紙に和歌が添えられていたという説話も生じた。「後の世を渡す橋とぞ思ひしに　世渡る僧となるぞ悲しき」というような和歌である。この和歌とともに源信と母との関係は、仏教におけるあるべき母子関係のモデルとして伝えられていったのである。

『往生要集』の地獄と極楽

源信の『往生要集』は、天台教学に立脚し、とくに「念仏」に焦点をしぼって往生浄土の教義と実践の体系を著した著作である。『往生要集』の基本的論調は、観想念仏がすぐれた行法であり、称名念仏は観想の行ができない機根の劣ったものに向けられているということにある。このことを念頭において、その内容をみてみよう。

『往生要集』の序文は、「それ往生極楽の教行は、濁世《じょくせ》末代の目足《もくそく》なり」という文からはじ

往生要集絵巻　黒縄地獄

まる。「往生極楽のための教えと修行こそは、汚辱にまみれた末世の人々を導く、目であり足である」という意味の文である。そして多くの仏教の中でとくに「念仏」の一門を選んでその教説を提示するのは、「予がごとき頑魯《がんろ》の者」には難しい修行に堪えることができないからだと述べる。

『往生要集』は「大文《だいもん》」という名の章、十章から構成されている。その第一章は「厭離穢土《おんりえど》」、第二章は「欣求浄土《ごんぐじょうど》」、第三章は「極楽証拠」である。この最初の三章では、迷いの世界を離れ、浄土を願うべきことをさまざまな経典・論書を引用して示している。

まず第一章「厭離穢土」は、輪廻転生《りんねてんしょう》するという六道（地獄・餓鬼・畜生・修羅・人間・天上）の様子が描かれている。とくに記述の半分程度をしめる地獄の描写は、正法念《しょうぼうねん》処経《じょきょう》や倶舎《くしゃ》論などの文言を引用し、詳細である。

『往生要集』において地獄は、八段階に分類される。第一が等活《とうかつ》地獄で、ついで黒縄《こくじょう》地獄、衆合《しゅごう》地獄、叫喚《きょうかん》地獄、大叫喚地獄、焦熱《しょうねつ》地獄、大焦熱地獄、阿鼻《あび》（無間《むけん》）地獄である。苦しみの度合いは、この順に過酷さが増していく。この記述は、人々に恐れをいだかせた。

その一例を第三の衆合地獄から紹介する。衆合地獄に刀葉林《とうようりん》という地獄がある。罪人が樹の上を見上げると美しく着飾った女が手招きをしている。罪人は誘われるままに、樹を登り始めるものの、カミソリのように鋭い樹の葉がその体を切り裂く。ようやく登りきると、今度は樹の下から美女の誘う声が聞こえる。そのため、罪人は下に降り始めるが、葉は上を向き、罪人の体のいたるところを切り裂く。ようやく地上に降りたつと女はまたもや樹の上にいる。罪人はこれを見て再三再四、女を追う。百千億年の長きにわたり、自らの作り出した妄執の虜《とりこ》となり、自分の心に誑《たぶら》かされるのである。

このように『往生要集』は、厭《いと》い離れるべき世界として六道を描く。とくに地獄・餓鬼などの描写は鮮烈であり、のちの説話や絵画などに大きな影響を与えた。

続く「欣求浄土」の章では、苦悩のたえない六道とは違う世界を描く。極楽の功徳が無量であることを示すのである。源信は、功徳の実例を十に整理しそれを「十楽《じゅうらく》」と呼び、それを順に説明していく。ここでは第一の楽である「聖衆来迎《しょうじゅらいこう》の楽」を示す。

「聖衆来迎の楽」は、臨終時の楽である。念仏の功徳を積み、長い年月、阿弥陀仏の浄土に心を寄せてきた人は臨終には大いなる喜びが生じる。というのは、阿弥陀仏が多くの聖衆とともに光を放って眼前に姿を現すからである。観音菩薩は宝蓮《ほうれん》の台を捧《ささ》げ、勢至菩薩は手を授けて台上に導く。これを見て、臨終の人は歓喜し安楽な状態に入る。つまり、草庵で目を閉じ死んだときが蓮華台の上に座るときとなる。そのあとただちに阿弥陀仏にしたがい、菩薩たちにまじって極楽世界に生まれる。このような特別な歓《よろこ》びを源信は、経論にもとづきながら列挙するのである。

六道輪廻に苦しんできた衆生にとり浄土に行くことこそ、もっとも大きな願いが満たされる喜びである。浄土に往生するという願いがかなうか否かは、ここではじめて判明する。それゆえ、臨終来迎のときは決定的に重要になる。臨終来迎は、浄土思想において広く知られた思想であり、臨終来迎を可能とする儀式も普及していった。とはいえ、臨終に往生が定まるということは、見方をかえれば、臨終になるまで救済が確定しないので不安が伴うことにもなる。そのため、臨終ではなく、元気な平生のときに往生が定まるという考え方が現れてくることになる。

『往生要集』の念仏

さて、穢土や浄土の描写は有名であるものの、『往生要集』の思想の中心に位置するのは、第四の章「正修《しょうしゅ》念仏」である。この章は五念門《ごねんもん》の説明である。五念門とは唯識《ゆいしき》思想を確立した論者、ヴァスバンドゥ（漢訳名では世親《せしん》あるいは天親《てんじん》）がその著『往生論』で論じたもので、①礼拝門《らいはいもん》、②讃歎門《さんだんもん》、③作願門《さがんもん》、④観察門《かんざつもん》、⑤回向門《えこうもん》の五つからなっている。源信は、この五念門全体を「念仏」として捉える。源信には、大乗仏教の実践の広い文脈のなかで念仏を捉えなおそうという意図があったとみてよかろう。この論述のなかで源信独自の思想は、観察門の解釈に認められる。源信は観察の形態として、色相観《しきそうかん》を提示する。色相とは、身体の姿、形を意味し、仏の身体の容貌《ようぼう》形相を観察することが色相観である。源信は、色相観をさらに別相観《べっそうかん》・総相観《そうそうかん》・雑略観《ぞうりやくかん》の三種に分けて論じる。

別相観とは、まず阿弥陀仏が坐している蓮華の座を観じ、ついで阿弥陀仏の相好《そうごう》を観ずることである。相好とは、仏の身体上のすぐれた点のことである。観ずる順は、仏の肉髻《にくけい》・毛髪・耳など四二の相好を頭から足元へ順に観じ、見終われば、逆に足元から頭へと観ずるのである。このような順逆の観察を繰り返す。『観仏三昧経』の文がひかれ、この観を十六遍繰り返し、心を落ち着けて想念を一点に集中し、十四日間を経過すると心身ともに安らかになるとしている。

次の総相観では、仏の具体的な相好ではなく、仏を普遍的な真理そのものとして捉え、我と仏が一体無碍《むげ》であることを体得する。総相観は別相観よりも抽象度の高い観察の方法であり、そのため総相観の方がより難しい行となる。とはいえ、総相観よりも容易な別相観も行じることのできない人もいる。そのために説かれているのが雑略観である。

第三の雑略観は、阿弥陀仏の相好の一つである白毫《びゃくごう》（両眉《まゆ》の間の白い巻き毛）にしぼり観ずるものである。この白毫中に八万四千のすぐれた特徴があり、その一々の特徴から八万四千の光明があることなどを観じていく。

以上が源信の勧める色相観の大要である。ところがこのような観想の念仏をできない人もいる。なかでも雑略観は行じやすいものとして説かれたが、それでも相好を観ずることができない人がいる。そこにおいて源信が勧めるのが称名念仏である。

とはいえ、この称名念仏は、ただ口で念仏を称えるのではなく、称え方に条件がつけられている。源信は、「或《あるい》は帰命《きみょう》の想に依《よ》り、或は引摂《いんじょう》の想に依り、或は往生の想に依りて、まさに一心に称念すべし」と述べている（『源信』（日本思想大系六）一三四）。「帰命の想」とは東に向けた仏像に向かって帰命の心を起こすことであり、「引摂の想」とは反対に西に向けた仏像の後にしたがって遠い浄土に思いをこらすことであり、「往生の想」とは浄土に生まれて仏の説法を聞く姿を思い浮かべることと解釈できる（『浄土宗全書』一五巻、二七五）。源信は、機根の劣るものに対して、称名念仏を勧めてはいるものの、そこに一定の心のあり方を求めているのである。

念仏行者の看取り作法

源信は往生について、その思想をまとまった仕方で論じただけではなく、臨終における振る舞いも述べている。『往生要集』第六章「別時念仏《べつじ》」は、特定の時を限って行う念仏のあり方を示している。別時念仏には、「尋常の別行」と「臨終の行儀」の二種類があるが、そのうちの「臨終の行儀」は人生の最期になすべき行である。

源信は、臨終にさいしてなすべきことを、さまざまな経論を参照し説明している。それによれば、最期を迎える病者の部屋の中には立像《りゅうぞう》の仏を西向きに置く。設置される仏像はその右手をあげたもので、左手には五色の細長い布を執らせ、布の先は地に垂らす。病者は仏像の後ろに寝かせ、病者の左手で布の端を執らせる。

また、源信は、病人と看病する人のあるべき振る舞いを示している。それによれば、病人は顔を西に向け、心はひたすらに阿弥陀仏を観じ、心と口とを相応させて念仏の声が途切れないようにし、極楽の聖衆《しょうじゅ》が来迎することを想うべきである。病人は見たことを看病人に説明し、看病人は聞いたことを記録する。もし、病者が語ることができなければ、看病人はどのようなものを見たかを問う。罪の報いを受けて苦しむ姿を語れば、すぐに病者のために念仏し、ともども懺悔して必ず罪の消えるようにせよ……などという振る舞いである。

臨終の行儀は、看取り作法とでもいうべきものであった。この作法にもとづいた実例も伝わっている。平安時代に隆盛をきわめた藤原道長《ふじわらのみちなが》の臨終は、この作法にしたがっている。道長は生前、二度ほど源信のもとに使いを出し、また『往生要集』を手元に置いていた。『栄花物語《えいがものがたり》』巻三十「つるのはやし」に道長の最期の様子が語られている。場所は、法成寺《ほうじょうじ》阿弥陀堂。道長は、阿弥陀仏の相好を観ることに集中し、周囲は念仏を称える。北枕にして西面し、手に阿弥陀仏像とつながった糸をひいていたとある。

看取り作法について、源信が直接に指導した結社もあった。二十五三昧会である。すでに述べたように、横川の首楞厳院の僧により結成された二十五三昧会で源信は指導的立場にたった。念仏結社の一二条からなる起請文には次のような規約が書かれている。

まず、第一の規約は「毎月十五日の夜を期日を以《もっ》て、不断念仏を修すべきこと」となっている。この規約に続いて、当日の午後の経文の読み方を詳細に定めている。第二の規約は「毎月十五日に午後は念仏を行い、それ以前には法華経を講じること」。源信の所属する天台宗では法華経の信仰と浄土思想とが共存していることがこの規約からもわかる。

五番目の規約では、この二十五三昧に結縁《けちえん》した人たちは、おたがいに永く父母・兄弟のような気持ちでいなくてはならないとしている。平生から同信の人たちが定期的に集まり信仰を深めて、家族のような関係を築いていくのである。

八番目には、病人に対するケアの仕方を具体的に定めている。病人が出た場合には、二人で宿直《とのい》をして親に仕えるように看護せよ。ただし、二日をもって一区切りとせよ。二人とも常に念仏を称え、往生を勧めよ。そのうちの一人は注意深く病人の状態を見守り、急変をしたらもう一人の人に教えろ、というのである。

九番目の規約は、房舎を建てそれを往生院と呼び、阿弥陀仏像を置き、病者をそこに移して看病するよう定めている。そして仏像と病者の手を糸でつなげて臨終を迎えることを規定している。これ以外にも、葬儀や墓地の建立の仕方の規約がある。源信の看取り作法は、癒しの機能があると考えられ、現在の末期がん患者のターミナルケアや遺族のグリーフケアの参考になっている。

源信の思想は十一世紀の貴族社会に流布し、またその後の日本の浄土思想家を生み出す基盤となった。かれの影響は宗教の世界にとどまらない。臨終来迎や地獄のありさまを感覚的に強く印象づけ、その後の文学や芸術に影響を与え、今日にいたるまでの浄土教のイメージを形づくるのに大きな役割を果たしたのである。

2　日本浄土思想の元祖法然

法然に由来する宗派

毎年、文化庁が『宗教年鑑』を刊行し、日本のさまざまな宗教・宗派の信者の数を公表している。宗教年鑑の令和四年版によれば、浄土系の信者の数は、二一九八万人である。この信者数は、宗教団体からの報告を取りまとめているため、自覚的に浄土教にかかわっている人の数ではない。寺院の側から檀信徒《だんしんと》であるとみなした人たちを数にいれているため、それとは知らずに浄土教の信者とされている人がかなりある。とはいえ、他の仏教団体（天台系・真言系・禅系・日蓮《にちれん》系など）やキリスト教諸団体などに比べ、その数は多い。実際には葬式や法事などの行事だけにかかわる程度であるにしても、浄土系の信者として数えられる人は、日本の伝統仏教のなかでもっとも多いといえる。

『宗教年鑑』で浄土系と分類されている宗派のほとんどは、法然（一一三三―一二一二）、あるいは法然の弟子の系譜から生まれている。浄土系の宗派は二二あるが、それは大きく四つに分けることができる。浄土宗（鎮西《ちんぜい》派）、浄土宗西山《せいざん》派、浄土真宗、時宗《じしゅう》である。

浄土宗（鎮西派）の開祖は法然であり、その第二祖を法然の弟子聖光《しょうこう》（一一六二―一二三八）とする。聖光は九州出身で九州の別名である「鎮西」で活躍したため、その門流は鎮西派あるいは鎮西流とも呼ばれてきた。現在、たんに浄土宗とだけいう場合が多い。というのは、鎮西派の宗教法人法名が「浄土宗」だからである。浄土宗（鎮西派）は聖光の弟子であり、第三祖とされる良忠《りょうちゅう》（一一九九—一二八七）のときに教勢を拡大した。さらに、三河《みかわ》にあった徳川家康《とくがわいえやす》の菩提寺《ぼだいじ》である大樹寺《だいじゅじ》が鎮西派に属していたため、江戸時代には徳川幕府の宗教政策のもとで勢力が大きくなった。

浄土宗西山派の宗祖は法然で、その弟子證空《しょうくう》（一一七七—一二四七）を派祖とする。證空が京都西山の善峯寺《よしみねでら》の北尾往生院《きたのおおうじょういん》（現在の三鈷寺《さんこじ》）を布教伝道の本拠地としたことから西山派あるいは西山流・西山義の名がある。この系譜をひく宗派は、現在三つある。西山浄土宗、浄土宗西山禅林寺《ぜんりんじ》派、浄土宗西山深草《ふかくさ》派で、その寺院数は三派あわせて一一九二。これに対して、浄土宗（鎮西派）の寺院数は六八六三である。

浄土真宗は、親鸞（一一七三—一二六二）を開祖とする。法然の弟子である親鸞は、自らの思想は法然の教えを継承したものであるとし、独自の一宗を開く意図はなかった。しかし、その弟子たちによって親鸞が開祖となる宗派が成立した。伝統的に真宗十派といわれる宗派に加え、さらに分派がある。なかでも東西本願寺（正式名称は「真宗大谷派」と「浄土真宗本願寺派」）の勢力が大きいが、高田《たかだ》派や興正《こうしょう》派などをあわせると寺院数は二万を超える。

時宗の開祖は一遍《いっぺん》（一二三九—八九）である。一遍は、西山派の證空の弟子聖達《しょうだつ》に師事した。法然からみれば、ひ孫弟子になる。時宗の寺院数は四一一である。

『宗教年鑑』には浄土系として二二の宗派とこれらの宗派が包括する寺院二万九二四六が数えられている。そのうち、法然に起源を有しないのは、寺院数三五六の融通念仏宗だけである。法然の教えは、浄土系の宗教団体において決定的な位置を占めている。「元祖」とは、一般に物事を最初に始めた人を意味し、仏教の一宗の開祖はすべて元祖といえる。だが日本仏教で元祖といえば、法然をとくに指すにいたっている。

法然の浄土宗開宗

法然の生涯については、その死の直後からいくつもの伝記がつくられてきた。没後三〇年もたたぬうちに少なくとも三種の伝記がつくられ、鎌倉時代のあいだに一〇を超える伝記ができた。そのうちもっともよく知られているのは、『法然上人行状絵図』である。四八巻からなり『四十八巻伝』ともいわれる（本書では以下、この伝記を『四十八巻伝』と記す）。また後伏《ごふし》見《み》上皇の勅により作成されたので『勅修御伝《ちょくしゅごでん》』ともい

法然　法然上人像（隆信御影）知恩院蔵

う。成立は法然没後、一〇〇年を経た頃である。

多種の伝記ができた原因は、法然没後に弟子たちがいくつかのグループに分かれたことが大きい。もろもろの伝記には、弟子たちが自らの思想の正統性を確認しようとする意図や、何度かなされた法然やその弟子たちへの非難を緩和しようとした意図もうかがえる。そのため、歴史上の法然の姿を必ずしも正確に描いているとはいえない。しかも、法然自ら手に取って書いたものが少ないため、その生涯の事実関係やその思想についても議論の余地がいまなお残されている。とはいえ、歴史的事実との乖離《かいり》を否定的にのみ受け取るべきではない。伝記の作成には、それぞれの弟子が受け取った宗教的真実が物語によって表現されているからである。これらのことを心にとめたうえで、法然の生涯とその思想を示していく。

法然は一一三三年、美作国《みまさかのくに》久米南条《くめのなんじょう》の稲岡《いなおか》荘（現在の岡山県久米郡久米南町《くめなんちょう》）に誕生した。父は久米郡の押領使《おうりょうし》である漆間時国《うるまのときくに》で、母は秦《はた》氏である。押領使とは、もともとは合戦のたびに朝廷から任命された臨時の官であったが、のちに常置の職となり、治安維持にあたっていた。法然の父時国はこの地の豪族だったことを背景に押領使となっていた。法然は武士の家に生まれたのである。

さまざまな法然伝によれば、法然九歳（数え年、以下同）のとき、稲岡荘の預所《あずかりどころ》であった明石定明《あかしさだあきら》の夜襲により時国は非業の死を遂げた。死に臨んで時国が残したとされる遺言がのちの法然伝では次のように伝えられている。「敵をうらんではならない。私の死は因果応報だ。敵を恨めば、敵討ちが何世代も続くことになる。はやく俗世界を離れて出家をし、わが菩提をとむらうとともに仏の道を求めるように」。この遺言が事実かどうかは不明であるが、法然は那岐山《なぎさん》の菩提寺（現在の岡山県勝田《かつた》郡奈義町《なぎちょう》に所在）にいた母秦氏の弟観覚《かんがく》に引き取られた。そこで僧侶への準備教育を受けてから、比叡山に登った。比叡山ではまず西塔《さいとう》北谷《きただに》に住む源光《げんこう》のところで、ついで学僧として高名な皇円《こうえん》に学んだ。そして法然十五歳のとき出家し、天台座主から受戒し、正式な天台僧となった（平、二〇一八）。

ところが、法然は十八歳で遁世《とんせい》した。遁世とは、名利栄達の世界を離れ、求道の生活に入ることを意味する。当時の比叡山の僧侶世界は家柄が重視され、また僧侶内部での出世競争のようなものも盛んであった。法然はそういった世界を避け、比叡山黒谷《くろだに》の叡空《えいくう》に師事して、法然房源空《げんくう》の名を授けられた。このあと四十三歳で回心するまでの様子は詳しくはわからない。法然伝によれば、さまざまな経典・論書を眠る時間を惜しんで読みふけったとされる。二十四歳のときに遊学し、嵯峨《さが》の清凉寺《せいりょうじ》に参籠《さんろう》したあと、南都奈良に行って法相宗の学僧を訪ね、京都に引き返し、醍醐寺《だいごじ》で三論宗、仁和寺《にんなじ》で華厳宗の学僧と会い、不審な点を質したなどと伝えられている。

一一七五年の春、四十三歳のとき法然は回心した。善導の『観無量寿経疏』を読んで称名念仏に帰したのである。浄土宗関係の各教団では、この年を浄土宗の開宗であるとしている。たしかに、このときに人生の方向を変える決定的な方向性を法然は見出した。しかし、のちの『選択本願念仏集』に表現される思想にそのときただちに達したわけではない。一般的にいって、宗教的回心をしても、そのときに何もかもがわかるわけではない。自らに起こった出来事を自己のうちで捉えなおし、それを言語化し、聖典にもとづいた教義体系を形成するにはそれなりの時間経過をとることが多い。法然の場合もそうであろう。浄土教の物語を自己のものとして語るには、いくつかの段階が必要であった。

回心後まもなく法然は、洛西の広谷《ひろだに》の遊蓮房円照《ゆうれんぼうえんしょう》の庵室を訪れ、そこに活動拠点を移した。法然は「浄土の教えと遊蓮房に出会えたことこそが、この人間に生まれた世の思い出だ」とつねづね語っていたという(『四十八巻伝』四十四巻)。遊蓮房は、観想の念仏ではなく、称名念仏の行者であり、念仏三昧において一定の霊証をえた人物として尊敬を集めていた(伊藤、一九八一)。法然はこの遊蓮房に会いに行ったのである。

宗教的回心の意味を自覚し、それを教義として展開するのに他者の存在は重要である。とりわけ法然の場合、生きた師の導きではなく、書籍の読解によって宗教的回心をしたため、生きた他者の存在は大きかった。広谷の地で、遊蓮房に同信の者として迎えられた法然は、そこで自身の信仰を深めたであろう。

一一七七年に遊蓮房は往生した。その臨終に法然は立ち会ったとされる。その後、法然は京都東山の吉水《よしみず》に住居を構え、念仏と経典を読む研鑽《けんさん》の日々を過ごした。その例外は一日だけだという。のちに「木曽義仲《きそよしなか》が乱入した一日だけ聖教を読まなかった」という述懐が伝えられている（『四十八巻伝』五巻）。

法然の思想は次第に成熟し、評判を呼ぶようになってきた。一一八六年、比叡山山麓《さんろく》の大《おお》原《はら》で大原問答という討論会が開かれた。この四年後に天台座主になる顕真《けんしん》が法然を大原に招き、極楽往生の教えについて問うたのである。この問答で、並居る学僧を法然が心服させたと後世において語られるようになった。実際は、それほど大規模の会ではなかったかもしれないが、この問答での評価を契機として法然の名は広く知られるようになった。

一一八九年、法然の名声を聞いた九条兼実《くじょうかねざね》（一一四九―一二〇七）は法然を自邸に招いた。兼実は、摂政関白藤原忠通《ただみち》の三男で、この時期、摂政であった。名門の出で朝廷の有力者であった兼実が法然の教えに帰依し外護《げご》者となり、法然の活動を支えたのである。一一九〇年の春、法然は重源《ちょうげん》の要請により、奈良東大寺に赴き、浄土三部経について講説を行った。法然独自の浄土思想を南都の人々に向かって語ったのである。一一九八年には、法然の主著『選択本願念仏集』が撰述された。

この頃、法然のもとにすぐれた弟子たちの入室もあいついだ。回心以前の比叡山時代からも、信空《しんくう》や感西《かんさい》という弟子はいた。しかし、かれらは師を同じくする同宿の弟子仲間であった。のちに名を残すような有力な人物が弟子いりするのは、一一九〇年以降である。主な弟子の名と入室年を列挙すれば、證空（一一九〇年）、熊谷直実《くまがいなおざね》（一一九三年）、源智《げんち》（一一九五年）、聖光（一一九七年）、幸西《こうさい》（一一九八年）、親鸞（一二〇一年）などである。

このようにして弟子や信者が増え、浄土宗のもとになる教団ができた。もっとも、教団といっても法然を中心にしたゆるやかな組織であり、統一的な教団ではなかった。法然とその直弟子のまわりに個々の念仏集団ができ、それらが相互にゆるく連携しあったというのがその始まりであった。念仏の信者が京都に満ち、また関東の武士たちも帰依するようになった。だが、信者が増えるにつれ、既成仏教教団との摩擦も生じてきた。

三大法難

法然の教えは念仏を特権化し、その他の仏教の行を否定的に位置づけた。そのため、既成仏教教団がそれに反発した。法然の教団は社会秩序を乱すものとしてにらまれ、弾圧されるようになったのである。法然教団の受けた主な弾圧は三つある。それぞれの起こった年号にちなんで「元久《げんきゅう》の法難」「建永《けんえい》の法難」（法難のあった建永二年が承元《じょうげん》元年であるため「承元の法難」ともいう）「嘉禄《かろく》の法難」である。これらの法難の経緯を知ることによって、法然の教えが同時代の宗教世界にどのように受け取られたかが浮かび上がってくる。

「元久の法難」は、元久元（一二〇四）年十月に、比叡山の僧徒が天台座主真性《しんしょう》に専修念仏の停止《ちょうじ》を訴えたことに始まる。法然の弟子たちはもっぱら念仏を勧めるあまり、他宗をおろそかにし、放逸をなすものが多いというのである。これに対して法然は、同年十一月に「七箇条制誡《せいかい》」を作成し、弟子たちの行動をいましめた。この原本とされるものが京都嵯峨の二尊院《にそんいん》に残されている。七つの戒めが書かれており、それを守るように一九〇名の弟子に署名をさせた。

その内容を見ると、このときに法然教団に生じていた問題をうかがい知ることができる。その第一の制誡は、「教えを少しも学んでいないにもかかわらず、真言や天台などを批判し、阿弥陀仏以外の仏菩薩を誹謗《ひぼう》することをやめること」というものである。他宗の教えをむやみに攻撃する人がいたと推定される。第四の制誡は、「念仏の教えには戒律が不要だといって飲酒・肉食を勧め、悪を造ることを怖れるなと説くのを止めること」である。阿弥陀仏の本願の絶対性をほこり、社会的悪を喜んでするような信者が出てきたのである。これらのことから、法然の思想とそこから生じる反社会性という二つの問題が相まって法難が起こってきたことが推察される。

比叡山からの論難に、法然が慎重に対応したのでいったん事態はおさまった。ところが、元久二（一二〇五）年十月に、今度は南都の興福寺《こうふくじ》が朝廷に念仏停止を訴える「興福寺奏状」といわれる訴え状を提出した。

このような緊迫した状況の中で建永元（一二〇六）年十二月に事件が起こった。後鳥羽《ごとば》上皇が熊野《くまの》詣《もうで》に行った留守中に、後鳥羽上皇に仕える女房が、法然の弟子である住蓮《じゅうれん》と安楽《あんらく》の主催する別時念仏に参加し発心して尼になったという事件である。無断で出家したことに激怒した上皇が住蓮らを処刑し、師である法然らを流罪にした。これが「建永の法難」である。『歎異抄《たんにしょう》』「流罪記録」の記述によれば、住蓮や安楽など四名が死刑。法然や親鸞など八名は流罪。ただし、流罪に決まったうちで證空と幸西は、慈円《じえん》が預かり、流罪から除外された。慈円は九条兼実の弟で天台座主をつとめた人物である。

建永二（一二〇七）年二月、法然は還俗《げんぞく》させられ、土佐《とさ》に流罪となった。ただし、実際には土佐まで赴かず、讃岐《さぬき》にとどまった。法然の外護者である九条兼実の計らいであった。この年の十一月に恩赦がなされ、四国での滞在は十ヵ月ほどで終わった。ただし、法然はすぐに京都市街に入ることを許されず、現在の大阪府箕面《みのお》市にある勝尾寺《かつおうじ》にとどまった。帰洛を赦されたのは、一二一一年の十一月であった。法然は、京都東山に住まい、その後、ほどなくして往生した。一二一二（建暦《けんりゃく》二）年の一月二十五日、法然、八十歳であった。

以上が法然の生涯である。だが、法然の遺体をめぐって事件が起こった。法然の遺体は、まず京都東山の住居近くに葬られた。すると法然の死後まもなく『選択本願念仏集』を読んだ高山寺《こうざんじ》の明恵《みょうえ》（一一七三―一二三二）は、それを批判するために『摧邪輪《ざいじゃりん》』を著した。さらに延暦寺出身の定照《じょうしょう》も批判する著作を著した。これに対して、法然の弟子隆寛《りゅうかん》（一一四八―一二二七）が反論し、この論争が契機となって嘉禄の法難が起こった。

一二二七（嘉禄三）年に延暦寺は改めて、専修念仏の禁止を朝廷に求め、法然の墓所を暴こうとした。その結果、専修念仏の張本人として、隆寛・幸西・空阿《くうあ》の三名が流罪となった。延暦寺が墓所を壊そうとしたのは、そこが専修念仏者を生み出す根拠地であったからである。没後の法然は信仰の対象として崇められ、墓所に参詣者が集まった。その参詣者の中から新たな信者が生まれてきたのである。危機感を覚えた弟子たちは、墓所が暴かれる前に、夜ひそかに法然の遺体を嵯峨に運び、そこから広隆寺《こうりゅうじ》に移し、さらに翌年正月に洛西の粟生《あお》の地（現在の西山浄土宗総本山光明寺の所在地）で荼毘《だび》に付した。このような法難は、弟子たちの振る舞いによって起こった面はある。しかしながら、法然の思想そのものに法難を呼び起こすものが内在していた。法然の主著『選択本願念仏集』の内容を見ていこう。

『選択本願念仏集』

一一九七年の暮れから九八年にかけて法然は大病をした。これを知った九条兼実は、その教えをまとめるように要請し、それに応じて作成されたのが『選択本願念仏集』である。『選択本願念仏集』の核心にある思想は、その題名の「選択」の主体にかかわる。通常の発想では、念仏を選択するのは人間である。機根の劣る人間が難しい修行をして仏になることは困難である。そのため、易行である念仏を選択し、それを実践すると考えるのはごく普通の発想である。

しかし、法然の思想はそれとは異なる。選択する主体を阿弥陀仏とするからである。絶対者である阿弥陀仏が本願を建てたときに念仏を選択した。ここには、「選択」についての主体の転回がある。自らの力によって往生・成仏するのではなく、絶対的な仏の力に信順することによって往生・成仏がなされるという転回である。観想の念仏はむろんのこと、称名念仏であっても、それを人間が実践する功によって救済されると考えるなら、それは自力の念仏となる。法蔵説話を受け入れ、阿弥陀仏の絶対性に依拠するのが他力の念仏である。『選択本願念仏集』は、阿弥陀仏が念仏の一行を選択したことを経典によって示そうとした。このことを目的として浄土三部経をはじめとする経典の要文が所収されている。

たしかに、法然以前の浄土教においても、称名念仏は勧められてきた。しかし、それは機根の劣るものが難行に堪えることができないため、容易に実践できる念仏行を自ら選択するものであった。ところが、法然の説く念仏は、人間中心から仏中心へと転回を促す。これは天動説から地動説への変化に比されるような転回であり、浄土思想におけるコペルニクス的転回というべきものであった。

『選択本願念仏集』は十六章から成り立っているが、その第三章は選択の主体について問いをたてている。第三章の題名は、「弥陀如来、余行を以《もっ》て往生の本願としたまはず。ただ念仏をもつて往生の本願としたまへるの文《もん》」となっている。この題名に続いて、無量寿経の第十八願の文や善導の論書などから、この題名に相応する典拠を示す。そのうえで改めて自問自答する。「何が故ぞ、第十八の願に、一切の諸行を選捨して、ただ偏《ひとえ》に念仏一行を選取して、往生の本願とするや」と問う。それに対して、「聖意測り難し、たやすく解《げ》することあたはず」と答えている。

ここには、宗教における絶対者と相対の次元に位置する人間との関係についての一つの明確な態度表明がある。神であれ、仏であれ、その存在が絶対的であれば、その絶対者と人間との関係を媒介するもの、仲立ちをする存在が必要となる。キリスト教の場合には、それはイエス・キリストである。信者はイエス・キリストという存在を通して神との和解ができる。そして、イエスが誕生したことは、人間の智慧でははかり知れない神の側からの働きによる。阿弥陀仏が念仏を選び、それによって衆生済度をすることは、キリスト教におけるイエスの誕生に対応することである。

阿弥陀仏がそれを選択した理由は人間の智慧でははかり知れない。このことを明記したうえで法然は、あくまで試しの議論だとことわったうえで、念仏がすぐれている点を二つあげる。一つにはそれ自体がすぐれている点であり、もう一つは、実践するのに易行だという点である。

第一の点にかんし、念仏がすぐれ、念仏以外のもろもろの行が劣っているのは、南無阿弥陀仏という言葉には、阿弥陀仏のすべての徳がおさまっているからだと説明する。南無阿弥陀仏という名号は、たんなる言葉ではなく、そのもととなっている阿弥陀仏と一体だというのである。南無阿弥陀仏という一つの言葉の中に、浄土三部経で説かれている説話・物語の力が結集しているのだ。

法然はこう表現している。「弥陀一仏のあらゆる四智《しち》・三身《さんしん》・十力《じゅうりき》・四無畏《しむい》等の一切の内証の功徳、相好・光明・説法・利生等の一切の外用《げゆう》の功徳、みなことごとく阿弥陀仏の名号のなかに摂在《しょうざい》せり。ゆゑに名号の功徳もつとも勝《しょう》となす」(『浄土真宗聖典(七祖篇)』一二〇七)。

第二に、念仏が易行であり、いつでもどこでも誰でも修しやすい点に法然は念仏のすぐれた点を指摘する。念仏以外の易行は、修することが困難である。それゆえ、阿弥陀仏は念仏の一行を選択したのであろうと。このように「勝」の義によって念仏の無上絶対の徳が示され、「易」の義によって万人が平等に救われるという救済の普遍性が示される。つまり、勝易の二義によって、念仏の絶対性と普遍性を示したのである。

念仏の一行を選択したのは阿弥陀仏だけではない。それは釈尊もさまざまな諸仏も選択した。このことを経典の文言をあげて示していく。結論にあたる部分「総結《そうけつ》」で法然はこう述べる。速やかに生死の境界を離れようとするものは、聖道門ではなく浄土門に入るべし。浄土門に入ろうと思うものは、正しい行に帰すべし。正しい行のうちでもっぱら阿弥陀仏の「み名」を称えるべし。「み名」を称えるものは必ず往生を得る。阿弥陀仏の本願にもとづくからである。この「総結」は、「略選択」とか「三選の文」などと呼ばれており、法然の主張を端的に表現したものである。

このように称名念仏を特別視した法然の主張に対して、伝統的な仏教教団は不快感を覚えた。法然の弟子や信徒の中には、公然と他宗を軽んじる者もいた。また念仏を信じることで往生できるとして、道徳的な悪を犯しても構わないと吹聴《ふいちょう》する者も登場してきた。このような事態に憤った人物がいたのも当然といってよい。三大法難を惹起《じゃっき》した根本にあったのは、『選択本願念仏集』の思想であった。法然はこの危険性を承知しており、『選択本願念仏集』を軽々しく見せないようにと、「一たび高覧を経て後に、壁の底に埋《うず》みて、窓の前に遺《のこ》すことなかれ」と注意書きまでしている。そのため法然生前には、この書はごく限られた人だけしか見ることができなかった。

法然の思想は透徹したものであったが、その思想に残された課題もあった。たとえば、諸宗派でなされている仏教の行をどのように位置づけるのか。悪を好んでするようなことが許されるのか、などである。法然自身は、戒を守る清僧として生き、この課題に実践的に応えたのであるが、法然門下の弟子たちは、それぞれの仕方でこの課題に応えていったのである。

3　法然の神秘的体験と法然伝

三昧発得

『選択本願念仏集』の大半は経典の引用によって成り立っている。経典を典拠にして、法然は選択本願の思想の正しさを示そうとした。しかし、法然を支えたのは経典の文言だけではなく、かれ自身の体験も存在している。とりわけ『三昧発得記《ほっとくき》』に記されたその神秘的体験は注目にあたいする。その体験の一部は『選択本願念仏集』執筆中にもなされていたと考えられるからである。

『三昧発得記』は、建久九（一一九八）年正月から元久三（一二〇六）年正月にかけて、法然自らが三昧発得について書き綴《つづ》ったものである。原本は失われたが、親鸞が師法然の法語や行状を集めた『西方指南抄《さいほうしなんしょう》』をはじめ、いくつかの資料によって伝わっている。その概要は次の通りである。

建久九年正月一日、法然は別時念仏の行に入った。別時念仏とは道場や期間を定めてその間ひたすら称名念仏行に励むことである。法然は毎年、正月に七日間の念仏行をしていた。すると第一日に、まわりが自然に明るくなってきた。二日目には水想観《すいそうかん》が自然に成就した。すべては念仏七日間のうちのことで、地想観《ちそうかん》の中に瑠璃地《るりじ》の姿が少し見えた。

この正月七日間以降の神秘的体験も『三昧発得記』には書かれている。この年の二月七日まで三十七日間、毎日、七万回の念仏を続けることで、水想・地想・宝樹・宝池・宝楼が現れた。このあとさらに、八月の神秘的体験、さらに翌々年一二〇〇年、一二〇一年、一二〇二年にもこのような体験をしたとされている。最終的に元久三（一二〇六）年正月四日と五日に念仏をしているときに、阿弥陀仏・観音菩薩・勢至菩薩の三尊の大身を見たと記されている。

以上のような法然の神秘的体験の特徴は、第一に、その体験を求めてするのではなく、別時念仏などをしているときに生じるという点にある。仏道を行じるなかで、求めずして自《おの》ずから得られるものを「不求自得《ふぐじとく》」というが、法然の神秘的経験は、まさにこの不求自得であった。第二の特徴は、法然の神秘的体験は、次第に深まり、そこで現れたイメージは観無量寿経の定善十三観の順番に近いものになっている点にある。ただし、観無量寿経に記載のない現象も記述され、また現れる順番も定善十三観の順とは必ずしも同じではない。

このような不思議な体験を記した『三昧発得記』の真偽ついては、その原本が失われたこともあり、近代以降の研究において議論がなされてきた。この体験記は法然自身のものではなく、法然に仮託した後世の作り話だと主張した研究者もいた。しかし、現在の研究者で偽作説をとる人は少ない。というのは、まず『三昧発得記』は教義的にみて『選択本願念仏集』の内容と齟齬《そご》はない。また、中世の有職故実《ゆうそくこじつ》の大家である藤原公賢《きんかた》が法然の自筆の『三昧発得記』を拝見し感激した(一三四九年五月十五日)と述べているなど、浄土宗の枠を越えた証言がある。さらに、その複数の弟子たちによって伝承されたそのあり方から、法然自筆の原本を想定する方が自然だと考えられるからである(中野、二〇一〇)。

強調されなければならないのは、法然の神秘的経験は、仏の姿を見る観仏を目指して生じたものではないことである。ひたすら称名念仏に集中し、はからずも浄土や仏を見たのが法然の三昧発得である。そもそも、法然は称名念仏による三昧発得を肯定していた。とくに善導が三昧発得の人であることを重要視していた。法然の『選択本願念仏集』の思想と三昧発得は相反するどころか、一致しているのである。三昧発得によって現れた浄土や仏の姿が定善十三観の内容に類似しているのは、念仏三昧の結果にすぎない。

法然は『三昧発得記』を生前には秘して誰にも見せることはなかった。それはおそらく、弟子たちが誤解することを恐れてであろう。往生浄土は称名念仏によってなされるのであり、三昧発得の体験は必要ではない。もし三昧発得の体験を積極的に説くと、まるで三昧発得が往生の条件のように思いまどう人が出ると危惧《きぐ》したと思われる。

この三昧発得の体験は、『選択本願念仏集』の制作と深くかかわっている。『選択本願念仏集』の撰述は、一一九八（建久《けんきゅう》九）年とされている。細かな時期になると異なる説があるものの、『選択本願念仏集』撰述と三昧発得の時期は重なっていると推察できる。つまり、『選択本願念仏集』の撰述終了までに三昧発得が始まっており、その撰述の内容にその体験の影響がみられると考えてよい（安達、一九九二）。

すでに触れたように『選択本願念仏集』の結論にあたる部分「総結」で、阿弥陀仏・釈尊・諸仏が称名念仏を選択したのだとする。法然はこのことを善導一師の教えにもとづいていると明言する。それではなぜ善導一師にもとづくのか。それは善導が三昧発得の人であり、その著『観無量寿経疏』は奇瑞に満ちた夢に導かれた疏だからである。結局のところ、神秘的体験を根拠として「善導は弥陀の化身」であり、『観無量寿経疏』は「弥陀の直説」であると断言している。そして、法然自身も三昧発得の神秘的体験で自らの教説に自信をもったのであろう。このように神秘的体験をもって自身の論の最終的根拠にすることは現代の学問的論述ではありえない。しかし、中世の宗教的精神においては不思議ではない。法然は弥陀の本願が真実であるという確固たる自信をもったに違いない。

二祖対面　拾遺古徳伝絵（常福寺本）巻三段一

　法然が夢のなかで善導と対面したという伝承も残されている。親鸞が書き写した『西方指南抄』のなかの「法然聖人御夢想記」もその一つである。それによれば、紫雲の中から墨染の衣を着たひとりの僧が現れた。その僧の下半身は金色であった。法然が名を問うと善導だと答えた。そして、法然に向かって、「お前は愚かではあるものの、よく専修念仏を人に語っている。はなはだ尊い。それゆえここに来たのだ」と言ったという夢である。もっとも、この夢を実際に法然が見たかどうかは定かではない。

　しかし、親鸞の『西方指南抄』とは別に『拾《しゅう》遺《い》語《ご》灯録《とうろく》』所収の「夢感聖相記」にもほぼ同じ内容が記されている。三昧発得をした法然がこのような夢を見たことは、法然門下においては真実であると受け取られ、その後、制作された数多くの法然伝では二祖対面の話として必ずといっていいほど記載された。二祖対面にかかわる絵や像も作成されるようになった。現在の浄土宗の仏壇の多くは、阿弥陀仏を中心に向かって右に下半身金色の善導を、左に法然を安置しているが、それはこの二祖対面に由来する。法然も法然の弟子たちも、浄土思想の伝統を善導から直接に継承したと受け取ったのである。

法然伝の発生

法然の伝記は、その死後かなり早い時期からいくつもつくられてきた。その成立過程については、第二次世界大戦後精力的に研究が進められ、多くの事柄がわかってきた。これらの研究の主たる目的は、法然の歴史的事実の解明であった。しかし、法然伝は歴史的事実だけを伝えているわけではない。むしろ、法然の言行を信者たちが受け取った宗教的真実を表現しているといってよかろう。この意義は、新約聖書の福音書と対比させると理解しやすい。

新約聖書には、マタイ、マルコ、ルカ、ヨハネという四人の著者の名をもった四つの福音書が存在している。いずれもイエス・キリストの言行を記している。しかし、その福音書の内容は、必ずしも一致せず、さまざまな点で異なった記述がある。キリスト教の研究において、歴史上存在したイエス、すなわち史的イエスの姿を明確にしようとしてきた。ところが、その研究の進展によって完全な史的イエスの再現は困難であることがかえって認識されるようになった。その認識とともに、それぞれの福音書はイエスの言行にかんする証言の書であるという理解が深まってきた。福音書は歴史的事実ではなく、むしろイエスの言行から救済にあずかった信者が宗教的真実を表現した書であると理解されたのである。

もちろん、イエスと法然には違いがある。イエスは自ら書物を書き残しはしなかった。それに対して、法然の場合には、『選択本願念仏集』などその教えを直接に知るものが残されている。しかし、それだけが法然のすべてではない。法然の教えはさまざまな形で伝えられ、人々はそこに自らの救いの可能性を受け取ったのである。

従来、歴史研究の視点から、法然伝は法然の歴史的事実をゆがめているとみられがちであった。しかしその視点だけでは不十分で、むしろ法然の言行についての証言の書であるという視点が必要であろう。浄土思想が生きた仕方で伝わるときには、新たな物語が生まれるのである。

法然はその死後まもなく、聖者としてあるいは菩薩の権化としての伝記がいくつも作成された。たとえば、法然の直弟子である隆寛が撰述にかかわった『知恩講私記《ちおんこうしき》』では、法然は尋常の人ではないと讃えられている。法然滅後、月命日ごとに専修念仏の徒が、東山大谷の法然廟所《びょうしょ》で報恩のために法要を行った。この法要の式次第が『知恩講私記』である。一二二八年、すなわち法然の死から一六年以内に作成されていたと推定されている。阿弥陀仏あるいは勢至菩薩の化身、または道綽の再来、善導の再誕などと法然は崇められている。法然を直接に知る人がまだ存命のうちに、仏菩薩の化身といわれるようになったのである。

親鸞も法然は仏菩薩の化身であるという伝記を書き写している。それは法然の法語・行状を集録した書物『西方指南抄』に所収されている。この書に収められた「源空聖人私日記」は、法然の生い立ちから往生までの一代記であり、法然を勢至菩薩の化身とみなし、いろいろな奇瑞に言及している。

親鸞はこの伝記をたんに書き写したのではない。親鸞自身、法然が勢至菩薩の化身であると信じていた。法然が勢至菩薩の化身であるのは本当のことだと妻の恵信尼《えしんに》に親鸞は語っている（『浄土真宗聖典（第二版）』八一三）。そして、親鸞は法然を讃えた和讃によって、法然は仏菩薩の化身であると、崇敬の念を明確に表現している。さらに法然の臨終時における奇瑞も書き記している。

親鸞はその思想において、平生における信心の獲得を強調し、臨終来迎を重要視しなかった。平生に往生が定まるとしたのである。しかし、臨終来迎の存在を全面的に否定したわけではない。法然の臨終に紫雲がたなびき、優雅で澄んだ音楽がしなやかに響きわたり、おりから妙《たえ》なる香りがあたりにただよったと『高僧和讃』（『浄土真宗聖典（第二版）』五九八）に詠んでいる。

本師源空《ほんしげんくう》のをはりには
光明紫雲《こうみょうしうん》のごとくなり
音楽哀婉雅亮《おんがくあいえんがりょう》にて
異香《いきょう》みぎりに映芳《えいほう》す

このように法然に直接師事し、かつその思想において神秘的体験を強調することのない親鸞も、法然を特別な救済者だとごく自然に神話化し、その教えを伝えていったのである。

法然と女性信者

法然の思想がその時代の人々にどのようなインパクトを与えたかを知るために、何人かの弟子たちを紹介しよう。法然には、九条兼実という最高位の貴族の信者もいたが、もちろん一般の庶民も多かった。さらに、社会から冷たい目で見られた遊女や武士もいた。

法然が遊女を教化したという物語が伝わっている。『四十八巻伝』三十四巻の話である。

建永の法難により、法然は流罪になり、四国に流されることになった。その道中の室《むろ》の泊《とまり》

（現在の兵庫県たつの市御津町《みつちょう》室津）で遊女が法然の船に近づいてきて、このような仕事をする、罪業重いこの身は、どうすれば助かるでしょうかと尋ねた。それに対して法然は、いまの仕事を替えることができるならば替えなさい。仕事をやめることができず、また命がけの仏道修行ができないなら、もっぱら念仏を申しなさい。そしてこう言った。「弥陀如来はさやうなる罪人のためにこそ、弘誓《ぐぜい》をもたてたまへる事にて侍《はべ》れ。たゞふかく本願をたのみて、あへて卑下する事なかれ。本願をたのみて念仏せば、往生うたがひあるまじき」。のちに法然が流刑から都へ戻る途中にこの遊女のことを尋ねたところ、ひたすらに念仏を称えて往生を遂げたことを聞き、そうであろうと言ったという。

法然が実際に遊女に説教をしたかどうかは不明である。ただし、この物語は法然の思想の重要な一面を伝えている。それは、近年の研究によって明確にされた女人往生にかかわる思想である。遊女以外にも、法然には、女性信者が多く存在したことがその書簡から知られている。そして、従来この物語は女性や遊女「でも」往生できると法然が説いたのだと理解されてきた。中世の社会の中で差別されていた女性でも往生できると説いた点が評価されてきたのである。

ところが、この理解に見直しがなされた（香川、一九七五／平、一九九二）。中世仏教史の代表的研究者である平雅行《たいらまさゆき》をはじめとする研究によって、平安時代末期には、女性も往生できる教義が説かれていたことがよく知られるようになった。と同時に平安浄土教の女人往生の説と法然の説との違いも明確にされた。法然の教説には画期的な面があった。それは「男も女も念仏すれば平等に往生する」と説いた点である。

釈尊以来の仏教の理想には、たしかに男女平等がある。しかしながら、仏教が展開していくなかで、その社会状況や教団内部の事情などにより、その理想を社会的慣習に適合させようという動きがあった。浄土思想の場合には、そのような適合が「変成男子《へんじょうなんし》」の思想にみられる。女性の身体は障りが多く、仏道修行においても往生・成仏がしがたい。そのため、いったん男性の身体を受けなおして女性が成仏できるというのが「変成男子」の思想である。この思想にもとづき、罪が重い女性でも男性になって往生・成仏できるという教えが無量寿経にもある。ところが、法然の基本的主張はそこにはない。まったくの男女平等を説いたのである。

法然の男女平等の思想は、いくつもの書簡のなかに明確に表れている。たとえば「(阿弥陀仏の本願は)十方世界の衆生のため也。有智・無智、善人・悪人、持戒・破戒、貴も賤《せん》も、男も女もへだてず」(「鎌倉の二位の禅尼へ進ずる御返事」)と述べている。男女を問わず、すべての人が念仏往生において平等であるとしている。この主張は、当時の社会にあった男女間の差別的構造を超えるような思想的地平に立っている。遊女の話も、遊女でも救われるということではなく、遊女も男も阿弥陀仏の前では平等に救われるという点に法然の力点はあった。このような法然の主張は、差別的構造に精神的に追い詰められた人々にとってたいへん魅力的であったであろう。

熊谷次郎直実の物語

法然の説いた平等の思想はまた武士の心にも訴えた。源平の戦いが起こり、命のやり取りをして、殺生を重ねた少なからぬ武士が法然のところに心のよりどころを求めた。熊谷次郎直実もそのひとりである。『平家物語』「敦盛《あつもり》最期」の段で平敦盛を殺した直実の話は、のちに歌舞伎や能の演目ともなり、よく知られている。一ノ谷の合戦で自分の息子と同じ年くらいの若武者、敦盛の首をとった直実は、殺生をなりわいとする武士の身をなげき発心《ほっしん》したと『平家物語』には書かれている。

ところが、これとは別の話が鎌倉幕府の記録である『吾妻鏡《あづまかがみ》』に記されている。それは、平家との戦いののち直実が関東に戻ってからの土地争いの記事である（『吾妻鏡』建久三年十一月二十五日条）。将軍頼朝《よりとも》の前で土地争いについて裁きがあった。直実は戦場においては、一騎当千のつわものであったものの、弁論をする才はなかった。うまく説明ができないので、頼朝の不審を招き何度も質問を受けた。それに対して、直実は逆切れをして「もう結果は見えている、証拠になる文書なども不要だ」と言い放った。そして、裁きの途中に証拠文書を頼朝に投げつけ、立ち去った。なお怒りがおさまらず髻《もとどり》を切りおとし出奔したという話である。

どちらの話が出家の主な理由になるのかについては議論がある。いずれにしても直実は出家して、法然のもとに行った。直実は、法然の前で武士として人を殺傷してきた自身の悪を述べたのであろう。それに対して、法然はこういったと『四十八巻伝』二十七巻に伝えられている。「罪が軽かろうが重かろうが、ただ念仏さえ申したならば、極楽に往生するのです。そのほか、何をせよということはありません」。これを聞いた直実はさめざめと泣いて応えた。自分のような人間は、命を捨て手足を切るようなことをしなければ死後は助からないと思っていた。ところが、ただひとえに念仏さえ申したならば、必ず浄土に往生できるとやすやすと言われたので、あまりのうれしさに泣いたという。この後、直実は法然に弟子入りをし、念仏者として生きた。

直実が不平等な社会に憤り、苦悶《くもん》していたことが知られる出来事が伝わっている。『吾妻鏡』文治《ぶんじ》三(一一八七)年八月四日の記事である。鎌倉の鶴岡八幡宮《つるがおかはちまんぐう》の放生会《ほうじょうえ》にさいして流鏑馬《やぶさめ》が行われることになった。そのさい、直実には、的立役《まとたて》が命じられた。的立役とは、乗馬した騎手が打ち落とす的を立てる役である。この命に対して直実は猛然と反発した。御家人は平等であるのに、馬上の騎手と地上にいる的立役には明確な優劣があると考えたからである。

これに対して、頼朝自らが直実に向かって、この役目は家柄によって決めるものではないと説得を試みた。しかし、直実は頑として抵抗した。頼朝の命に背いた結果として、直実の

熊谷次郎　『四十八巻伝』二十七巻

所領は大きく没収された。実際のところ、頼朝は家柄による差を口では否定したものの、それは建前であった。現実には有力な豪族武士を中核とする階層秩序があり、頼朝もそれを無視できなかった。この状況に直実は我慢ができなかったのである。

この出来事を引き起こした直実の性格をよく表した物語がある。『四十八巻伝』二十七巻が伝える、法然の弟子となってからの話である。法然が九条兼実のところに訪れることになった。その法然の後を直実はついていく。法然が制止せずにいると、九条家まで入っていく。身分が違うため同座はできないので、下足を脱ぐあたりで直実は待たされた。直実は耳をそばだてて仏教談義を聞こ

うとしても、法然の声はわずかにしか聞こえない。すると直実は声を張り上げてこういった。「ああ、穢土ほど口惜しい所はない。極楽にはこのような差別はないであろうに。談義の声が聞きたいものだ」と。この声を聞いた兼実は法然に事情を尋ねて、直実を座敷に招きいれた。直実は、挨拶《あいさつ》もせず法然の近くで聴聞したというのである。直実の向こう見ずの性格と、法然の教えを少しでも聞きたいという姿勢が表現されている。現世での階級差別に敏感で、平等を懇願していた直実の思いがよく表れている話である。

法然のもとには男女を問わず、さまざまな階層・職業の人が集まってきた。とりわけ、中世世界で差別されてきた人には、法然の教えは心に響いたに違いない。絶対者である阿弥陀仏からみれば、男と女、武士と貴族、善人と悪人、智者と愚者との区別はない。いずれも自力で仏道修行をして仏になることは困難だ。仏の前ではあらゆる人は平等であることが法然の思想の核心にある。この法然の教えを成り立たしめているのが法蔵説話である。このような法然の思想が、そこに集った弟子たちによって新たに展開されていくことになる。

第四章　法然門下の諸思想

1　念仏と自由意志

法然門下の教義の相違

「元久の法難」のときの「七箇条制誡」に一九〇名の署名があったように、法然のもとには多くの弟子が集まった。法然の死から四五年後に成立した『私聚百因縁集《しじゅひゃくいんねんしゅう》』は、法然門弟の念仏の教えの隆盛ぶりを描いている。門徒の数は数千万人あるとし、高弟の名に、幸西、聖光、隆寛、證空、長西《ちょうさい》の五名をあげている。数千万人の信者がいたというのは、かなり誇張した表現であろうが、有力なすぐれた弟子が何人もおり、そのもとに多くの信者がいたのはたしかである。

第三章の第2節の末尾で触れたように、法然の教えには大きな課題が残されていた。それは仏教における諸行の位置づけである。法然自身は天台宗で正式な戒を受け、一生を清僧として過ごし、悪を廃して善を実践した。それだけでなく、九条兼実をはじめとして複数の人に戒を授けた記録が残っている。もっとも、この場合の戒は、本格的に僧になるための戒ではなく、殺生や偸盗、飲酒などを禁じる簡略化された戒である。また、このなかには、病気治癒や安産を願うためになされたものもある。法然は、中世でしばしばなされた社会風習的な仏教行事をあながち否定しなかったのである。これらは、念仏往生の主張を独立した一宗の教学体系として提示した『選択本願念仏集』の思想とは齟齬がある。おそらく法然の本意は、このような仏事も念仏流布の機縁になることを願って実施したのであろう。

いずれにしろ、諸行と念仏との関係について、さらなる説明が必要とされ、その問題が弟子たちの間で展開されていった。このこととともに、念仏を称える「行」とその念仏を称える「信」との関係の理解について、精緻な論議が繰り広げられていった。法然の弟子たちは法然の教えを自ら受け取りなおし、教義を進展させていったのである。

法然の門弟たちの議論は、いくつもの経典を参照し、仏教固有の概念を用いてかなり複雑な論になっている。また、自らの流派の理解の正当性を主張するあまり、他の説を否定しようとするものも少なくない。現在でも、門弟たちの教義を論じるときには、その勝劣、すなわちどの教義がすぐれているかという観点から相違が論じられがちである。そこで、ここではその違いの詳細に立ち入らず、その違いが生まれる理由をより普遍的な文脈において理解することを試みたい。

門弟らは、いずれも法蔵説話を自らの教義において語ろうとしている。かれらの教義にはいくつかの違いはあるものの、いずれも法蔵説話が真実であることが大前提である。ところが、法蔵説話にもとづいて絶対者となった阿弥陀仏と自己とのかかわり方については、力点の置き方に違いがある。かれらの違いのもとにあるのは、絶対者と有限な存在とのかかわり方の相違とみることで、広い文脈でその相違を捉え返すことができる。

恩寵と自由意志

絶対者と有限な人間との関係をいかに理解するかは、多くの宗教に共通した課題である。法然門下の議論が普遍的な問題と連関していることを示すために、キリスト教のカトリックと、プロテスタントのルター（一四八三―一五四六）がこの問題をいかに論じたかを見てみることにしよう。

キリスト教にはいくつもの教会や教派が存在している。しかし、いずれも『聖書』という同一の聖典に記された同じ物語に依拠している。キリストがこの世に到来して、十字架にかかったのは、全人類の罪を贖《あがな》い、罪人である人間が神と和解し、永遠の命をえるためである。

絶対者である神と相対的人間との関係を仲介するのがキリストだという物語である。人間が神と正しい関係を回復するにはキリストへの信仰が不可欠である。これらの点についてはカトリックもルターも一致している。しかし、神と人間との関係の理解については違いがある。その違いは、神の恩寵《おんちょう》（恵み・恩恵）と人間の自由意志との関係の理解に典型的に表れる。

恩寵と自由意志の問題は、二〇〇〇年に及ぶキリスト教思想史全体を貫く根本問題の一つである。そのなかでカトリック教会は自由意志に一定の意義を認めてきた。これに対してルターは、「恩寵のみ」をそのスローガンの一つとして掲げ、宗教改革を起こした。ルターは恩寵の働きを強調し、人間の自由意志が救済において果たす役割を否定した。絶対的な神の働きに対して、人間は徹底的に無力であるとしたのである。このルターの思想の背後には人間が罪に染まっているという強い自覚と神の絶対的超越性への承認がある。人間の意志による行いがいささかでも神の恩寵にかかわると考えるのは、人間の思い上がりである。人間は信仰によって救われるのであるが、信仰そのものが恩寵による。それゆえ、人間の意志は自由であるどころか、全面的に神に依存する存在だというのがルターの主張である。

ルターの主張は、恩寵と自由意志との関係についてのカトリックの神学とは異なる。カトリックを代表する神学者トマス・アクィナス（一二二五頃―七四）は、自由意志の意義を認め、恩寵と自由意志がともに働くことによって神と人間との深い関係が構築されていくと説いた。もちろん、トマスも恩寵の重要性がその議論の出発点におかれる。人間が回心し神に向かうためには、まずなによりも神の恩寵が人間の自由意志に先立っているという事実がなければならない。人間の自由意志も神がそれを神自身へ向けるのでなければ、神へと向けることができないという。とはいえ、自由意志が自由意志であることをやめるわけではない。神によって心を引き寄せられつつも、自由意志は強制されてではなく、自発的に神へと立ち返る。このような神と人間の相互関係の洞察にもとづく論がトマスによって形づくられた。

興味深いのは、このトマスの解釈について、カトリック内部においても激しい論争が繰り広げられたことである。十六世紀のことだった。まず、人間の自由意志を強調する神学者が登場した。それに対して、自由意志に先立つ神の恩寵の絶対的で包括的な先行性を強調する神学者が異議を唱えた。両者はいずれもトマスの主張に依拠したカトリックの神学者にもかかわらず、そこで解釈の対立が起こったのである（山本、二〇一七）。このように、恩寵と自由意志の問題は、同じ宗教・教会の中でも繰り返し問題提起がなされて議論されてきた。絶対者と人間はどのようにかかわるのかという論点が、いかに根本的で微妙な問題なのかが推察できる。

いうまでもなく、浄土教での議論とキリスト教の神学では異なる点も少なくない。そもそも依拠する聖典が違う。とはいえ、共通点も多い。浄土教においても、絶対者の力、阿弥陀仏の本願力が最初におかれる。浄土教ではそれを「他力」と呼ぶ。経典に書かれた絶対者の働きの物語を有限な人間がいかに受け取るのか。この問題においてキリスト教と浄土教は重なっている。法然門下の法然の教えの解釈は、たしかにそれぞれの門弟の思想的背景や歴史的状況に左右される面もあった。しかし、そこには絶対者の働きと人間との関係の理解の仕方の問題が存在していた。弟子たちの解釈の個別性は、普遍的な思想の問題と連関しているのである。

法然と自由意志

法然の直弟子の門流で現在もなお宗派として存立しているのは、聖光の流れをくむ浄土宗(鎮西派)、證空の流れをくむ浄土宗西山派、親鸞の流れをくむ真宗である。法然門下の思想の違いについては、それぞれの宗派の研究者によって精細で緻密な研究がなされてきた。それらを参照しながら、かれらの思想の違いを自由意志の位置づけの違いから示していきたい。

まず、法然における阿弥陀仏と人間の関係を説明する。念仏往生を説いた法然の場合、先に説明した恩寵と自由意志の問題に対比させれば、他力と念仏を起こす人間の意志との関係に対応させることができる。浄土往生はすべて他力にまかせなければならない。その他力への信仰の内容を、法然は『選択本願念仏集』の第九章で説明している。信仰の中身をなすのは観無量寿経に説いてある「三心《さんじん》」である。三心とは「至誠心《しじょうしん》」「深心《じんしん》」「回向発願心《えこうほつがんしん》」であり、法然はそれを善導の『観無量寿経疏』にもとづき解釈している。この三心を欠き阿弥陀仏を信じる心がなければ、浄土往生ができないとされる。しかし、三心をもつことができないならばどのようにしたらよいのか。それは念仏を称えることだと法然はいう。そのような法然の言葉はいくつか残されているが、「乗願上人《じょうがん》伝説の御詞」の一文の現代語訳を紹介しておく。

人目をかざることなく、往生業《ごう》（である念仏）を続けておれば、（たとえ心の中は煩悩ばかりであるようにみえても）実はいつの間にか（その煩悩と煩悩の隙間《すきま》に）自然と三心は具《そな》わっているものである。ちょうど、葦《あし》が生い茂る池に月が映っていても、遠くから見ると葦しか見えないが、よく近づいてみるとその葦と葦との合間に十五夜の月が水に映って輝いていることがあるように、妄念という葦が生い茂っていようと、三心という月はそこに宿るものである。（安達「浄土宗入門」第十三回、二〇一一）

本人の意志にもとづいて念仏を称えれば、いつの間にか自然と三心という信心が獲《え》られるとする。このことは信心を獲るにも自己の働きが関係することを意味する。さらに法然は三心を具足し信仰を獲たのちも、繰り返し称名念仏することを勧めている。キリスト教的な言い方をすれば、法然の教説は、自らの働きと仏の働きが協働することを説いているといってよかろう。

浄土宗（鎮西派）の二祖となった聖光、さらに三祖の良忠も自らの意志で称名するという法然の立場を受け継ぐだけでなく、よりいっそうこの立場を強調し、念仏行を相続する重要性を説くようになった。自由意志による念仏行の強調は、物語の自己化の観点から重要な意義を有している。浄土教の核心は、法蔵説話の真実性を自己のうちで生きるところにある。称名念仏を繰り返すことで、その説話を身体化していく。頭で物語を理解・納得していてもそれは意識の表面上にとどまることが多い。ところが説話の力が凝縮している念仏を反復することで、その説話の意義が意識を支えている無意識のレベル、人間の身体にまで影響を及ぼしていく。人間全体が物語と一体化しそれとともに生きることを促していくのである。

聖光や良忠も、聖道門という教えは捨てて浄土門に帰入すべきだという点では法然門下の他の流派と変わらない。しかし、自力と他力の意味内容が異なっている。良忠の理解では自力とは聖道門のことをいい、他力とは浄土門のことを指す。それゆえ、念仏を称えることはすべて他力である。念仏に自力と他力があるという考え方は間違っていると批判している。

ところが、親鸞や證空はそれとは異なっている。かれらは念仏にも自力と他力があると説く。意志的に称名念仏を繰り返すことによって救われるのではない。自らの力をたのんで念仏をするのは自力である。念仏を往生浄土の手段として用いることは否定される。自分の称える念仏の功にたよるのではなく、一切のはからいを捨て仏にまかせなければならないというのが両者の主張である。行も信も阿弥陀仏からたまわるというのが親鸞の思想であり、これがのちに「絶対他力」と称されるようになった。證空においても、親鸞と同じように阿弥陀仏の働きが強調される。證空の思想には親鸞と違う点もあるが、念仏も信心も阿弥陀仏からたまわるという点では同じである。この證空の思想は、この特徴ゆえに「全分他力」といわれてきた。

浄土教における自由意志

浄土教の祖師たちにおける、他力と自由意志との関係は信仰の機微に触れることであり、簡明直截《ちょくせつ》に理解することはそれほど容易ではない。そこで違いを具体的にイメージするために、現代の浄土宗・法然教学の代表的学僧である安達俊英《あだちとしひで》の用いた譬えを借りることにする。安達は、他力と自由意志との関係を一メートルくらいの高さの台にのぼることを例にとって説明している（安達、二〇一七）。

いま私たちが立っているところを迷いの世界とする。その前に高さ約一メートルの机があり、その上が極楽浄土と想定する。私たちは極楽浄土に跳び乗ろうとするものの、ジャンプ力が十分ではない私たちはせいぜい三〇センチくらいしか跳べない。ところが、机の上には阿弥陀仏がいて私たちに救いの手を差し伸べている。私たちがそれに気づいて救いを求めて手を伸ばしたら、阿弥陀仏はその手を握って阿弥陀仏の力（他力）により、机の上（極楽浄土）に引き上げてくれることになっている。この状況で机にのぼるには、いくつかの異なった態度がある。

まず、平安浄土教の場合。平安浄土教では、机にのぼろうとするなら少しは自分の力（自力）でジャンプするくらいの努力をしなさいということになる。阿弥陀仏に救済されるにしても、人間の働きが必要なのである。自分の力を少し出せば、阿弥陀仏はそれを助けて浄土に往生させるというのである。

これに対して、法然は、自力は一切不要だと説く。自分の力でジャンプをしたら、手がぶれるため、阿弥陀仏がつかみにくくなる。阿弥陀仏の他力にまかせる方が確実に上にのぼることができる。しかし、自分で手を差し伸べることは要請される。手を差し伸べるとは信心を具して念仏をすることである。ただし、それ以外のことは不要である。法然門下でも、浄土宗（鎮西派）の聖光や良忠はこの立場を引き継ぎ、法然よりさらに明確に手を差し伸べることの重要性を説く。ただし、浄土宗（鎮西派）においては念仏を称えることは、自力だとはみなさない。

ところが親鸞や證空は違う。念仏にも自力と他力があると考える。自らの起こす念仏の功徳により、極楽に行こうとするのは自力の念仏だとする。ところが、机にあがるには手は差し伸ばす必要がある。ではそれはどうしたら可能か。それもまた阿弥陀仏の働きによらざるをえない。つまり、法然の場合、他力による救済であっても、その働きと衆生の自由意志がともに働く。自らの意志で念仏をして信心が起きるのである。しかし、親鸞と證空においてはそうではない。

まず、親鸞の場合、行も信も阿弥陀仏からたまわるということになる。親鸞は南無阿弥陀仏を「本願召喚の勅命」と解釈する。南無阿弥陀仏とは阿弥陀仏が「救いますよ、わかりますか」と語りかけてくるものだということである。「そのまま救う」という呼び声を聞くことが肝要であり、そのため、教理的には、聞くことがより重要視される。仏の呼び声そのものが念仏であり、それを疑いなく聞くことが信心なのである。そして、仏の呼び声を聞くことが手を差し伸ばすことにあたる。

浄土真宗での念仏の意味は、信心をいただき救いの身と定まったことを慶《よろこ》び、その感謝の思いがあふれて称えることにある。これが自力の念仏と区別される他力の念仏なのである。このことを浄土真宗本願寺派では「信心正因称名報恩《しんじんしょういんしょうみょうほうおん》」と表現する。南無阿弥陀仏を聞くという信心が浄土往生の因であり、念仏を称えることは救いが定まったことの感謝だということである。

證空においても、親鸞と同じように阿弥陀仏の働きが強調される。ただし、少し状況を異にする。證空の場合には、すでに衆生は阿弥陀仏の救いの手の中にある。ところが、そのことを「領解《りょうげ》」していないこと、気づかないことによって流転し迷っている。手の中にあるのに、衆生が暴れるために机にあがることができないのである。ところが、阿弥陀仏とその本願のいわれが領解され腑《ふ》に落ちたときに、自然に南無阿弥陀仏という称名が出てくる。これが他力の念仏であり、机にのぼることが定まるのである。

親鸞と證空の思想は、きわめて近いものの微妙な違いがある。このような違いから異なった教団が形成されていくことも、キリスト教のプロテスタントを思い浮かべると理解しやすいかもしれない。ルターやカルヴァンらのプロテスタントは、カトリックの自由意志説に反対する点では同じであった。しかし、最終的に教義上での違いがあり、意見の統一はできなかった。親鸞と證空の思想はかなり似ているものの同じではない。結局のところ、その門弟たちがそれぞれの流派をつくり、今日にいたるまで別の教団として存続するようになった。二人の大きな違いは、次の「諸行」に関する理解の違いという点で示す。

法然の諸行理解

法然は念仏の意義を説き、念仏往生を主張した。これは法然の思想の根本であり、法然門下のいずれにおいても念仏が一番大事だということに異論はない。三大法難のところで触れたように、法然の思想は、念仏以外の仏教の行に否定的であり、聖道門諸宗から大きな反発が生じた。また、浄土往生には世俗的な善は不要であるとしたため、社会的悪を平気でするような信者も出てきた。法然は念仏以外の行を「諸行」とか「余行」と表現しているが、この「諸行」「余行」をどう理解するかという問題が大きな課題として残っていたのである。念仏以外の諸行や善をどう位置づけるかは、法然門下やその後の浄土教思想史では、「諸行往生」が可能かどうかという問題として論議されていった。

実は、現在にいたるまで法然自身が諸行往生を認めたかどうかは研究者間での意見も分かれている。というのは、法然が諸行往生を完全には否定せず、その可能性を理論上は許容していたとも解釈できる文章を記しているからである。その一例として『選択本願念仏集』の第十一章の記述をあげておこう。ここで法然は「念仏者は命を捨てをはりて後、決定《けつじょう》して極楽世界に往生す。余行は不定なり」と述べている。念仏者は必ず往生するのに対して、念仏以外の余行、すなわち諸行を修していても往生は定まらないという。定まらないということは不確定ということである。これは肯定的な表現ではないが、往生を完全に否定しているともいえない。法然の主旨は念仏往生にあることに間違いないが、理屈のうえでは、諸行往生の可能性を否定していないとも読める。法然はこの点についてさらに論を深めていない。これはある意味で当然なこととともいえる。法然からすれば、自力の行で仏になることはきわめて困難であるので、その理論的可能性を思弁的に追求することに特別の意義が考えられなかったのであろう。

浄土宗の諸行理解

法然自身が取り上げなかった諸行往生の可否の問題は、法然門下において主題的に論じられるようになっていった。そして門下の中でこれに対する考え方に相違が出てきた。仏教学者、末木文美士《すえきふみひこ》の整理をもとに、現在に至るまでの教団の祖となった、聖光、證空、親鸞の論を説明することにする（末木、一九九八）。

この三者はいずれも法然のすぐれた弟子であり、法然を心の底から崇敬していた。法然の主張に異論を立てて、新しい宗派を立てようとしたわけではなく、いずれも、念仏往生が基本的な立場である。だが、法然の本来の主張を追求していくうちでそれぞれの教学を打ち立て、その教学体系の中で諸行の位置づけをなし、結果的に新しい教団の創始へと展開していったのである。

まず聖光の系譜について説明する。のちに浄土宗（鎮西派）の二祖に位置づけられる聖光は、法然の選択本願念仏の論の有効範囲を制限し、念仏以外の諸行を承認した。

聖光はもともと天台宗の僧であった。比叡山で修行をしたのちに、出身地である福岡に戻り当地の学僧として重要な役割を果たしていた。ところが、三十六歳のとき上洛し、法然の教えに出会った。いったん福岡に戻ったものの、再び法然のもとに帰り、そこで法を聞き、『選択本願念仏集』の付与を受けるまでになった。元久の法難で「七箇条制誡」が制作される直前に法然に促されて故郷に戻り、九州一帯を中心に布教したのである。

聖光の教学は思弁的ではなく実践的なものであった。かれは自ら起こす念仏の働きの積極性を強調する。と同時に、念仏のみが唯一の救済の可能性であるとするのではなく、他の行の意義も認めた。たとえばその著『念仏名義集』巻上では、阿弥陀仏のその浄土が唯一のものではないことを示す。諸仏がおり、その諸仏それぞれに浄土があり、阿弥陀仏の浄土はそのうちの一つにすぎない。経典が多様なのは、衆生の心が同一ではなく、それぞれの心に応じて説かれたからである。それゆえ、衆生もそれぞれの機根に応じて自らにあう仏の浄土を求めればよいと述べる（『浄土宗全書』一〇巻、三六四―五）。念仏の教えが法華経の教えや真言密教の教えよりもすぐれているというわけではない。ただそのような教えにもとづいた修行ができない者が念仏の教えを行じるのだと述べている（『浄土宗全書』一〇巻、三六七）。

聖光は諸行往生を認め、聖道門の教えによる成仏の可能性も否定しない。この立場は、三祖良忠にいたりさらに明確にされた。

この教えは他の教えに対して排他的ではないため、教えの違う宗派とも共存できる。聖光の教えは既成の社会秩序に妥協し、法然の先鋭的な教えを緩めたと批判されることがある。しかし、別の観点からいえば、寛容な教えであり、自身と違う他宗教・他文化との共生をはかっているといえる。また思弁的ではなく実践的であるという特徴もある。聖光の弟子である良忠の活躍もあり、聖光の門流が法然門下の中心勢力となり、今日の浄土宗の正統派と位置づけられるようになっていった。

さて、このような聖光とは違い、證空も親鸞も諸行往生を認めない。両者はそれぞれ独自の仕方で諸行をその理論体系で位置づけている。以下、順に證空と親鸞の生涯とその思想を明らかにしながら論じることにしたい。

2　證空の生涯と思想

證空の生涯

浄土宗西山派の派祖、證空の生涯を記したものはいくつか残っている。もっとも早いものは、凝然《ぎょうねん》の『浄土法門源流章』（一三一一年）である。その後、『四十八巻伝』などのいくつかの法然伝に登場している。これらの影響を受けつつ、西山派の僧、仁空実導《にんくうじつどう》によって『西山上人縁起』が成立した。證空の死後、一四〇年を経た一三八六年の成立である。『西山上人縁起』は、證空の生涯と思想をまとまった形で伝えている。そのため、後世の證空についての印象はこの縁起本にもとづくことが多い。證空の思想はしばしば天台的であり天台教義と融合したものとして語られる。また諸行と念仏を併修したことや貴族社会とかかわったという点が強調される。『西山上人縁起』は、このような天台と親和的な證空を描いているが、證空の実像とはいささか乖離がある。『西山上人縁起』は後世における一つの物語として理解すべきであろう。この点に留意をし、證空の生涯の概略を示していきたい。

證空　證空上人思惟像
禅林寺蔵

證空は、村上源氏の流れをくむ、久我《こが》一門の久我親季《ちかすえ》の子として誕生。親戚《しんせき》である内大臣久我通親《みちちか》の猶子（養子）となるものの十四歳で法然のもとに入室し出家した。證空は、若いときから直接法然に学んだ。これは法然門下では例外的であった。聖光や親鸞のように、聖道門で修行をし、その教学を身につけてから法然門下に入る人が多かったからである。入室以後、二三年間、善導の『観無量寿経疏』を中心に浄土教学を学んだ。ただし、法然から直接に指導を受けたのは法然が四国配流になって京都を離れるまでの一七年ほどである。しかし、そうであっても両者の関係は特別なものであり、法然門下での證空の地位は高かった。證空より年長の弟子が多いなか、「七箇条制誡」では四番目に署名している。また、法然の消息（手紙）の代筆をしばしば行った。

法然の主著『選択本願念仏集』の制作においても重要な役割を果たした。経文の典拠を検出する勘文《かんもん》の役を二十三歳の若さで担っている。それだけではなく、本文の執筆に加わっていることが西山派の学僧、上田良準《うえだりょうじゅん》の研究によって判明している（上田・大橋、一九九二）。『選択本願念仏集』の原本は、題字のみ法然が記したものの、本文は三人の筆から成り立っていると知られていたが、第十三章から第十六章の結文の前までを證空が書いたことを上田が示したのである。

證空は、『愚管抄《ぐかんしょう》』を執筆した慈円と良好な関係にあった。慈円は教理のうえでは浄土宗に否定的であったのだが、九条兼実の実弟であり、兼実との関係から法然や法然門下に配慮したと思われる。建永の法難のときに、證空はいったん遠流と定まったが、それを慈円が預かった。処分が免除されたわけではないものの、緩やかになったのである。法然の死後、慈円にゆかりのあった京都西山の善峯寺北尾往生院を譲りうけ、以後はそこを拠点に活動した。慈円の臨終のときには晩年の側近の一人として参列した。

藤原定家《さだいえ》の日記『明月記《めいげつき》』に次のようなことが記されている、嘉禄の法難のときに延暦寺が提出した流罪の候補者に證空の名もあった。流罪の噂《うわさ》を聞きつけた證空は起請文を朝廷に出した。妙香院良快《みょうこういんりょうかい》（兼実の第八子）も證空を助けた。證空は慈円の臨終に立ち会ったものであり、非難されている人々と立場が異なると弁護した。そのため流罪を免れたというのである。つまり、證空の人間関係において天台宗とつながりが深く、罪を免れたものの、その思想内容については、相変わらず既成の秩序から危険視されていたといえる。

證空は近畿各地で布教活動した。善導の論書をもとに、それを深く読み解き説明するというスタイルであった。このさいの筆録を集めたものが『自筆鈔』と呼ばれている。『自筆鈔』の講録後も、證空は善導の論書の説明を続けた。その口述録が『他筆鈔』として残っている。門弟が筆録したと伝えられているので『他筆鈔』と呼ばれている。いずれの書もその内容は善導の論書の注釈である。證空の著作は、善導の著述の真意を明らかにするという観点から浄土思想を説明している。

寛喜《かんぎ》元（一二二九）年、大和の當麻寺に参詣し、所蔵されている當麻曼荼羅を見た。當麻曼荼羅は四メートル四方もある巨大な浄土変相図である。実際には絹糸で織り上げられているのだが、蓮糸で織られていると伝えられていた。證空は、この曼荼羅は善導の『観無量寿経疏』にもとづく浄土変相図だと感激し、以後、その流伝につとめた。『當麻曼荼羅註記』など當麻曼荼羅にかんするいくつかの書が證空の作と伝えられている。證空が當麻曼荼羅に注目したのは事実だが、これらの作が證空撰であるかは疑わしい。證空は、関東から奥州の諸国に遊化《ゆけ》も行った。宝治《ほうじ》元(一二四七)年十一月二十六日、現在の京都東山区にあった遣迎院《けんこういん》で没した。

證空と天台教学

證空は法然の指示により天台教学を学ぶようになった。法然が天台思想を学ばせようとしたのは、法然の選択本願念仏思想を当時の仏教の伝統の中で改めて位置づけさせようとしたのではないかと推測できる。

證空は磯長《しなが》の叡福寺《えいふくじ》(現大阪府南河内郡《みなみかわち》太子町《たいしちょう》)に住む願蓮《がんれん》に天台教学を学んだ。願蓮からは天台止観(散乱する心を止め真理を観ずる修法)を修学した。また先に述べたように慈円とは人脈としてつながっていた。

證空は、法然のその他の高弟とは異なり、先に浄土宗の教えを学び、それから天台思想を学ぶことになった。證空の思想形成において天台思想は大きな影響を与えた。しかし、證空の思想を詳細に研究した浄土宗（鎮西派）の学僧廣川堯敏《ひろかわぎょうびん》が結論づけているように、それはあくまで方法論という側面であり、選択本願念仏思想の根幹はゆらいでいないと解すべきであろう。廣川はその著作で、「證空はあくまでも師法然の選択本願念仏説を釈尊一代教の中でどのように再組織するか、という課題解決のために、方法論として天台学を援用したにすぎない」と述べている（廣川、二〇一四）。同様なことは、西本願寺の学僧浅井成海《あさいじょうかい》も、證空が天台を学んだにしろ「天台教義が消化され、あくまで善導、法然の浄土教義の系譜をあきらかにする立場で、その生涯は貫かれている」としている（浅井、一九八二）。いずれも證空の著作を丁寧に読み込んだ学僧の知見である。ところが、この知見は必ずしも研究者の多くに共有された認識とはなっていない。

一般に人間の思想形成において十代や二十代の経験は大きな意味がある。その頃に学んだことや経験したことは深く身体化される。若年時に思想や宗教の構えが確定した場合にはなおさらである。三十代以降に他の思想を学び、思想が展開したとしても、二十代までの思想を土台として形成されることが多い。

證空の場合、天台教義を学び、その教学形成に天台の思想を応用しているのは明白であるが、これはむしろ意識的・自覚的なものである。證空とは違い、青少年期に天台の修行と学問に打ち込み、壮年期に入り浄土の教門に帰した場合には、それとは反対に、その思想表現に天台教学の語句が現れなくとも、思想の土台に天台思想が食い込んでいる可能性にむしろ注意する必要がある。

證空の思想の特色は、法然の思想を天台教学を用いて自覚的に再編成したことにある。その再編成のあり方を、諸行についていえばこうなる。證空は諸行往生を認めない。あくまで阿弥陀仏の本願力による往生のみを認める。ところが、弥陀一仏に帰依したあとには、諸行を積極的に認める。このことを可能にする論理が天台の「開会《かいえ》」の思想である。開会とはもともと天台宗の法華経理解において用いられた用語である。法華経の教えを絶対的なものとするとともに、そのもとに他の経典の教えを包摂して取り込み、他の経典にもそれぞれの価値を肯定する考え方である。證空はこの思想を応用し、法華経の位置に本願の念仏をおく。このことによって、諸行をたんに否定・廃棄するのではなく、絶対的な念仏へと開くものと位置づけ、諸行を統摂しその存在を肯定するのである。

證空の仏教分類

證空は仏教全体を「行門」「観門」「弘願《ぐがん》」という概念によって分類し説明する。これらは、善導の『観無量寿経疏』に出る言葉であるが、證空は読み替えて仏教分類の概念とした。「行門」とは聖道門における自力修行の立場を意味する。「観門」とは、観無量寿経に説かれる定善・散善の十六観法をいう。ただし、この十六観法は自力で定善・散善をするのではなく、阿弥陀仏の念仏を説き示す教法だと證空は解釈する。「弘願」とは、第十八願の念仏のことである。観門は弘願を照らし出す働きをし、弘願は観門によって照らされる。行それ自体の内容をいえば、行門も観門も同じであり、諸善諸行をすることに変わりはない。ところが、両者には違いがある。それは自力で行をするか、弘願に帰したうえで行うかの違いである。そのため、行門は否定され、観門は肯定される。その転換は弘願にある。弘願に帰依しない場合の諸行は効力がない。弘願に帰したときには、すべての行は浄土の行として意味をもつことになる。

さまざまな経典によって聖道の教えが説かれている。しかし、それらは観門によって示される浄土の教えにいたるのであり、最終的に帰するのは弘願の念仏となる。言い方を変えれば、弘願の念仏は絶対的なものであり、すべての教法はそれを示すものとなる。この論理によって念仏の絶対性を強調しつつ、他の諸行と共存する道を開いた。古来、「法然は諸行の頸《くび》を切り、證空は諸行を生け捕りにした」と評される論法である。

それでは、絶対的な弘願に帰するか否かの基準となるのはなにか。その鍵となるのは「領解」である。證空はこの「領解」をさまざまな文脈で独特の用語を用いて説明しているが、要するに、浄土教の物語を信知することである。自分自身の力では往生できない凡夫であることに気づかされ、阿弥陀仏の本願のいわれに目覚めることが領解の中心的内容である。

証空は念仏に自力の念仏と他力の念仏があると説く。その違いは領解の有無によって区別される。念仏を称えていても、自分の方から仏に助けてほしいと祈願請求するのは自力の念仏である。それは本願の絶対性に気づかずにおり領解をしていない状態である。法蔵説話にもとづいた南無阿弥陀仏という言葉には、法蔵菩薩の永年の思索と修行の成果がこもっている。証空は、このようにして完成された南無阿弥陀仏を称えながら、不足に思うことを、万宝の満ちた蔵をいただきながら、衣食の心配をするような愚かなことだと表現している。それは自力の執心であり、勘違いをしている。念仏を称える以前から、阿弥陀仏の念仏は絶対的に完成されている。そのことに気づき、本願のいわれを領解すれば、おのずと南無阿弥陀仏という言葉が口に出てくる。自分の方から仏に手を差し出すのではない。すでに仏の手のうちにあったことに気づき、仏に摂取された身であることをありがたく思い、おのずと口から出るのが他力の念仏だというのである（『西山上人短篇鈔物集』八四）。

他力に帰することによって、あらゆる仏道修行や善行に、証空は真の価値を認める。救いにあずかっているという歓びのもと、それぞれの個性に応じて、阿弥陀仏の功徳にお返しをしたいという気持ちが起こり、さまざまな行を修するようになる。このように他力の念仏の上に仏道修行や戒の実修という世界が改めて開かれるとするのである。

證空における否定と肯定

證空の思想には、現実世界と自己のあり方を否定する契機が明確に認められる。證空は、人間は総じて「濁世の凡夫」「垢障《くしょう》の凡夫」であると表現し、そのため流転輪廻を繰り返しているると述べる。人間には至誠心などという真実心はない。仏心のみが真実心であり凡夫の心は虚仮心《こけしん》である。どこまでも仏に背く人間のあり方を證空は注視する。それでは、虚仮不実な人間がどうして仏の力に気づくのか。それは阿弥陀仏の仏性が遍満し人間の心のうちにあるからである。仏性は潜在的な状態であるが、常に人間に働きかけている。働きかけに気づかせるのが観門の教えであり、その働きと一体となることが領解の信心である。このように領解の内容には否定的契機が内包されている。

衆生と阿弥陀仏のこの関係を證空は次のように述べている。「我等は常没流転の悪ながら、やがてその心の底に、是《これ》をすてたまはぬ仏の慈悲の万徳が充《み》ち満ちたりけるよ、と思ふ故に、あまりの嬉しさに南無阿弥陀仏と称ふるなり」（『西山上人短篇鈔物集』八四―五）。注意しなければならないのは、遍満するといってもそれは阿弥陀仏の仏性であり、人間自身のではないことである。人間自身には真実心はない。それゆえ、阿弥陀仏の仏性に気づくには、経典に説かれた法蔵説話、すなわち物語の力が必要なのである。

証空の立場からすると、仏と一体になったあとは、定善・散善などすべての行が肯定される。ただし、否定的契機を看過して、肯定の状態のみが強調されると、安易な自己肯定の浄土思想と理解されてしまう。諸行を包括する証空の浄土思想には、安易な現状肯定の方向への可能性も内包されている。

3　當麻曼荼羅の流布

當麻曼荼羅との出会い

証空の思想はしばしば思弁的で哲学的だといわれる。その思想の特徴を、「軒端三尺気高い」と評する表現も伝わっている。通常の家の軒よりも三尺ほど高い高尚な思想だというのである。この表現のように、証空は、特殊な概念を用いて抽象度の高い論理を展開した。とはいえ、深い思想を自己のものとして生きることのできる人は少ない。多くの人間には、感覚に訴えるものが必要である。この要求に応えるものが物語である。証空の教義にも法蔵説話や王舎城の悲劇が基本的前提として存在しているものの、それらが知的に分析されており、感性的に訴える力に乏しい。そのような証空の思想を補完し、目に見える具体的なものとして尊重されたのが當麻曼荼羅である。浄土宗西山派では、『自筆鈔』などに説かれた教えを「教相《きょうそう》」といい、當麻曼荼羅を用いる具体的な実践面を「事相《じそう》」という。この二つは車の両輪のようにどちらも欠かしてはならないとされてきた。全人間的な救いには知性と感覚の両面が求められるのである。

西山派でいう「教相」と「事相」の関係は、浄土思想の本質を理解するのによい例となる。浄土教は、阿弥陀仏の仏国土に往生することを目指すものであり、この仏国土が浄土と呼ばれる。それに対し、現生のこの世界は「穢土」となる。絶対的な阿弥陀仏に対して、人間は罪悪に満ちた凡夫である。このような善悪の二元論が浄土思想の基本である。善導はこの二元論を指方立相という形でわかりやすく示した。浄土という絶対の世界も、凡夫の身でリアルに捉えるには、西方にあると具体的に示す教えが大事だと考えたからである。

しかし、證空は（そして親鸞もそうであるが）、法然に向けられた理論的な課題に応えようとした。その課題の一つは、阿弥陀仏の絶対性を保持しつつ、聖道門の諸行を浄土思想の中に位置づけることであった。その理論体系は聖道門への一つのまとまった応答になっていったものの、それとともに阿弥陀仏の救いが思弁的に論じられるようになった。思弁性に伴う抽象性を補完し、一般の人間に対して、救済の事実をリアルに訴えるには感性的なものが必要である。證空が當麻曼荼羅に感動し、當麻曼荼羅が西山派に不可欠なものとなったのには、

當麻曼荼羅　貞享本　當麻寺蔵

このような背景があったと考えられる。

證空は當麻曼荼羅を見て、善導の『観無量寿経疏』の内容に一致していることに驚き、まさにここに濁世から抜け出す道があると大いに感悦した。この出来事を裏付ける書付が當麻寺の宝蔵から発見されている。當麻曼荼羅は善導の『観無量寿経疏』の教説を表現したものであり、この寺で不断念仏の行がなされるため、その供料に田地を寄進するという證空の書付である。日付は寛喜元（一二二九）年三月二十六日である。

一二四二年に制作された當麻曼荼羅厨子《ずし》扉には、當麻曼荼羅信仰の隆盛が示されている。當麻曼荼羅を安置するための厨子の扉が鎌倉時代の改修によって付加された。現存するこの扉の裏面には夥《おびただ》しい数の名前がある。

これらは當麻曼荼羅と仏縁を結んだ結縁者《けちえん》である。漆に塗りこめられて名前が判読できないものも含めると二五五〇名余の名がある。この中には、源頼朝、北条泰時《ほうじょうやすとき》、九条道家《みちいえ》（九条家三代当主。頼経《よりつね》の父）、九条頼経（鎌倉幕府第四代将軍）という当時の要人から無名の僧俗に及ぶ名が記載されている。この中で當麻寺僧の筆頭に名を連ねているのが證空である。證空に帰依した九条道家や頼経をはじめとする幕府や九条家の人々の支援を中心にして厨子の改修がなされたと考えられている。

とはいえ、證空が実際にどのように當麻曼荼羅に出会い、それをどう受け取ったのかは、その後に作成された物語によって知る以外にない。證空撰として伝承された『當麻曼荼羅註記』の冒頭部分によって、その概要を述べる。

私〔證空〕は法然上人の弟子となり浄土教を学んできた。しかし上人なきあとは不審な点を尋ねることのできる人はいなかった。ところがこの浄土変相図を拝することは、法然上人や善導大師にお目にかかるようであった。浄土教の教学の不審はすべて解決した。そもそもこの曼荼羅の存在は人づてに聞いてはいた。天人が降りて制作したとか生きた阿弥陀仏が自ら作ったというような話であり、信用できないと思い、無視していた。ところが、八十歳になる老僧が熱心に見ることを勧め、かつ老僧が曼荼羅の下段に織り込まれた絵とその説明文ならびに曼荼羅の由来文の写しをもってきた。私はこれを拝して随喜感涙を抑えることができなかった。ただちに弟子二十五名を連れて當麻寺に参詣してこの浄土変相図を拝した。この変相図は通常の観無量寿経にかかわる曼荼羅ではない。善導大師の『観無量寿経疏』の文意を織り込んだものである。『観無量寿経疏』と生きた阿弥陀仏の織られた曼荼羅は、まったく文意が同じで違うところがない。まさに仏の働きとしかいいようがない。そこでこの変相図を写し、その註釈を記す次第である。

證空が當麻曼荼羅に出会った様子は、このような物語として伝承されていった。

當麻曼荼羅の構図と布教方法

證空が出会った當麻曼荼羅は、四つの部分から成り立っている。中央部と右縁（向かって左側）、左縁（向かって右側）、下縁である。この四部構成が善導の『観無量寿経疏』の四巻の内容と対応していると證空は捉えた。すなわち中央部が「玄義分」に、右縁が「序分義」に、左縁が「定善義」に、下縁が「散善義」に対応し描かれていると読み取ったのである。

四つの部分のうち、中央部には阿弥陀三尊を中心に壮麗な極楽世界が図示されている。右縁は、王舎城の悲劇が主題となっている。右縁の絵は下から上へと話が進む。阿闍世王の父頻婆娑羅王の幽閉や、悲嘆にくれる韋提希の阿弥陀仏への帰依などの様子が順に描かれている。左縁には、定善の十三観が上から順に図示されている。下縁には、散善による九品往生が描かれている。向かって右から、上品上生から下品下生まで、それぞれの往生の姿が示されている。下縁の中央部にこの曼荼羅の縁起が記されている。それによれば孝謙天皇の時代に中将姫によって織られたということになっている。

證空の講説は、善導の論書を読み解き、そこから教説を展開する形式となっていた。ところが、當麻曼荼羅は目にも鮮やかで、『観無量寿経疏』の内容を理解するのに格好の絵柄であった。證空自身も當麻曼荼羅を発見し、自身の教説を具体的に示すことができると喜んだのであろう。證空自身が『當麻曼荼羅註記』を直接に書いたのではないにしろ、その後、證空の門弟たちは當麻曼荼羅の信仰を広めていった。當麻曼荼羅に関する書が作成されるとともに、當麻曼荼羅を絵で写した模本が多くつくられ布教に用いられたのである。

當麻曼荼羅を用いた布教の多くは、追善供養や逆修《ぎゃくしゅ》の法要などの場で行われた。逆修とは、生前に自分の死後の菩提を祈って仏事を行うことであり、平安時代から盛んに行われてきた。その法要では、仏画を掲げてその前に香や花が供えられ、當麻曼荼羅についての講讃がなされた。信者は、王舎城の悲劇や法蔵説話の物語を耳で聴くだけでなく、視覚や嗅覚《きゅうかく》にも刺激を受け、さらに場の一体感を味わい、浄土の物語を体感したであろう。

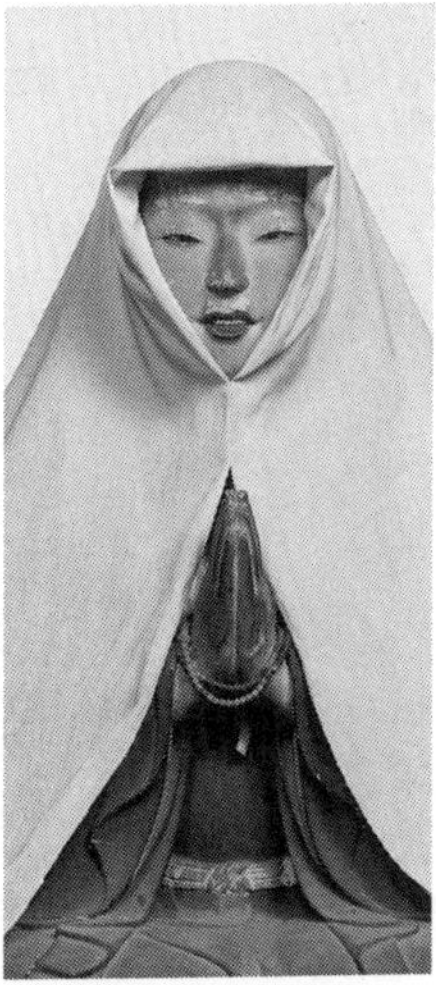

中将姫　中将姫坐像　當麻寺蔵

浄土宗と中将姫説話

當麻曼荼羅は、西山派だけでなく、浄土宗（鎮西派）でも重要視され、多くの模本が制作されてきた。浄土宗での當麻曼荼羅の布教において決定的な役割を果たしたのは、酉誉《ゆうよ》聖聡《しょうそう》（一三六六―一四四〇）である。聖聡は関東の地に増上寺《ぞうじょうじ》を開き、大いに布教して、多くの僧侶を育成し、今日にいたる浄土宗発展の礎をつくった。

聖聡は當麻曼荼羅講説のためのテキストである『當麻曼荼羅疏』を著した。この書はその後の浄土宗の布教談義の根本台本となった。この書物で注目すべきことは、當麻曼荼羅成立の由来を語る中将姫説話が付加されたことである。もともと、當麻曼荼羅には、一人の姫の伝承があった。ヨコハギノ大納言という人物の娘の話である。娘は極楽世界を曼荼羅に写したいといつも願っていたところ、化人《けにん》（人の姿をした仏・菩薩）が現れて一夜にして曼荼羅を織り上げ、どこかに去っていった。娘は一生の間、この曼荼羅に帰依し極楽に往生したという伝承である。この伝承は時代を追うごとにだんだんと話がふくらみ発展してきた。聖聡はこの書において、當麻寺に入るまでの継子《ままこ》いじめの物語を付け加え、それが中将姫の説話として定着していった。『當麻曼荼羅疏』（巻七）で付加された物語の概要を、中将姫伝承の研究者、日沖敦子《ひおきあつこ》は次のようにまとめている。

横佩《よこはぎ》右大臣豊成《とよなり》には子どもがなかったため、長谷寺《はせでら》の観音に願ったところ、夢のお告げがあって一子を授かる。

姫が三歳の時に弟君が誕生するが、姫七歳の時に実母が病死し、左大臣諸房の娘が継母となる。継母は姉弟を憎み、自ら武士に命じて葛城山《かつらぎさん》の地獄谷に二人を捨てさせる。しかし姉弟は命をながらえ、やがて帝《みかど》が二人を助けて宮中に迎え入れる。帝は姉を中将内侍《ないし》に、弟を少将に任じた。姫は信心深く、亡母の菩提を祈りつつ『称讃浄土経』「『阿弥陀経』の異訳」一千巻を書写するほどだった。

この一連の出来事を不快に思った継母は、実母の墓参りを口実に姫を宮中から連れ出し、再び紀州の雲雀山《ひばりやま》へ連行し武士に殺させようとする。しかし、姫は武士夫婦の情けによって助けられ、夫婦と共に山中で生活するようになる。その後、武士が亡くなり、姫と武士の妻は山へ狩りに来ていた父豊成に発見され、内裏へ迎えられる。

姫の弟の少将は十四歳で亡くなり、姫は世の無常を感じる。姫は、出家の思いがいっそう募《つの》り、出家の前に『称讃浄土経』一千巻を書写し、當麻寺に入る。生身《しょうじん》の阿弥陀仏を拝みたいと願う姫のもとに尼が現れる。尼は姫に蓮糸を集めさせ、化女《けにょ》（観音の化身）がその蓮糸で浄土曼荼羅を織り上げた。尼はその曼荼羅の前に説法を行い、四句の偈を残して立ち去っていった。その十余年後、姫は宿願の通り往生を遂げた。（日沖、二〇二〇）

當麻曼荼羅が流布するうえで、継子いじめの話が曼荼羅縁起に加わったことが大きな力となった。庶民は継母にいじめられる中将姫に同情し、姫がであう悲劇に感銘を受けたのである。この話は、僧侶の教化《きょうけ》で語られただけでなく、仏教の枠をこえ、いささか変容しつつさまざまなジャンルで大衆に伝えられていった。能の演目『雲雀山』、浄瑠璃《じょうるり》『中将姫之御《ご》本地《ほんじ》』、読み物『中将姫の本地』などである。近代では、折口信夫《おりくちしのぶ》の幻想小説『死者の書』が當麻曼荼羅をモチーフにしたものとしてよく知られている。これらは浄土教の布教を目指したものではないものの、結果的に浄土思想の浸透に貢献することになった。浄土教の教えは、経典に書かれた物語だけでなく、新たな媒体によってその物語が変容しつつ展開していったのである。このことは西山派や浄土宗などの宗派を問わずに起こったことであり、當麻曼荼羅はそれをよく示している。

第五章　親鸞の浄土観と物語論

1　親鸞の生涯

親鸞　親鸞聖人影像（鏡御影）　西本願寺蔵

浄土教の歴史のなかで、親鸞はもっとも知られている人物といってよいであろう。日本最大の信徒を有する真宗教団諸派の開山であり、教団関係者以外にも、親鸞の思想に関心をもつ人は多い。一般向けの親鸞関係の読み物も頻繁に刊行され、歴史・思想・哲学・文学などさまざまな観点から研究が進められている。

親鸞は自筆の資料がかなり残っており、思想分析のための材料は多い。しかしながら、その生涯については手がかりとなるものが少ない。それとは裏腹に、親鸞を顕彰する親鸞伝は数多い。その筆頭が、親鸞の曽孫で本願寺三代とされている覚如《かくにょ》（一二七〇—一三五一）による『親鸞伝絵』である。

『親鸞伝絵』は真宗の宗祖である親鸞を神秘化した物語であり、親鸞理解に大きな影響を与えてきた。かつては『親鸞伝絵』をもとにして歴史上の親鸞を語りがちであった。ただし、そこに描かれた親鸞は、実際の姿とはかなり乖離している。今日では、歴史学の分野での親鸞の研究が進展してきたため、その足跡の概略が判明している。親鸞の生涯において、まずは歴史的事実として推定される出来事を記していく。

法然との出会い

親鸞は藤原有範《ありのり》の子として生まれた。宗業《むねなり》・範綱《のりつな》という伯父がいたこと、少なくとも尋有《じんう》や兼有《けんう》などの弟がいたことはたしかである。有範は貴族ではあるものの、藤原氏の傍流の日《ひ》野《の》氏の出である。しかも、その日野氏においても嫡流の系譜ではなく、下級貴族の出身だった。とはいえ、有範の兄、親鸞からいえば伯父の宗業は、優秀な漢学者・儒学者であった。日野家は儒学を家職としており、儒者の世界で大きな力をもっていた。親鸞も漢文の力に秀でていたが、おそらく幼児から学問の基礎訓練を受けていたと推察される。

親鸞は九歳で慈円のもとで出家したと伝えられている。この真偽は不明であるが、親鸞が天台宗の僧侶になったのは間違いない。また親鸞の弟の尋有や兼有も出家している。親鸞伝の多くは、親鸞が幼児のときに父有範が亡くなり、それが出家の動機のように描いているが、これは事実ではない。親鸞の弟の兼有が一人前になるまで、有範が生存していたと推定できる資料が西本願寺で昭和初年に発見されたからである（平松、二〇〇五）。

親鸞の比叡山での様子や法然との出会いを知る資料は少ない。その中で貴重な証言をしているのが親鸞の妻恵信尼が書いた「恵信尼文書」である。恵信尼文書は、一九二一年に西本願寺の宝庫から発見された一〇通ほどの手紙であり「恵信尼消息」ともいう。越後《えちご》（新潟県）で過ごしていた恵信尼が、京都にいた娘である覚信尼《かくしんに》に書き送ったものである。このうちの最初の四通は、覚信尼が送った親鸞の臨終の様子を知らせる手紙の返事で、親鸞についての思い出が書かれている。夫である親鸞のことを回想し、娘に知らせている内容には、これまで知られなかった重要な情報がいくつも含まれていた。

恵信尼　恵信尼像　龍谷大学図書館蔵

親鸞は比叡山の「堂僧」であったと恵信尼は書いている。堂僧とは、日頃は比叡山の常行三昧堂でひたすら念仏行道を行い、洛中の寺院で法会があるときには請われて出仕していた僧である。親鸞は、常行三昧堂の堂僧として修学に励んでいたのである。

恵信尼は、親鸞から聞いた、法然との出会いの経緯を生き生きと描いている。それによると、親鸞は京都の六角堂《ろっかくどう》に参籠《さんろう》し後生を祈った。すると、九十五日目の明け方に、夢の中で聖徳太子《しょうとくたいし》が偈文《げもん》をつくって示現された。すぐにその明け方に六角堂を出て法然のところに行った。それからまた百日間、雨のときも日差しが照りつけるときにも、どんな大事なことがあっても法然のところに通った。善人でも悪人でも同じように往生できる道を法然が一筋に説いていることを親鸞は承り、信心が定まった。そして、「法然上人がいらっしゃるところであれば、他人がなんといおうとも、たとえ悪道におちるに違いないといわれようとも、私は構わない。遠い過去から流転輪廻し迷ってきたのだから」と親鸞は恵信尼に語ったというのである。恵信尼はこの話を親鸞から繰り返し聞いていたと思われる。

この手紙に記された、六角堂の夢告についての証言も貴重である。六角堂とは京都の中心にある寺院で、聖徳太子の創建と伝えられている。本尊は救世観世音《くせかんぜおん》菩薩である。聖徳太子は救世観音の化身であると信じられており、六角堂はこの時代、観音の霊験を信じる民衆の崇拝を集めていた。中世の人、親鸞もこのような信仰を共有していたのである。親鸞が夢中で受けた偈文の中身についてはのちに論じるとして、観音の導きにより法然のところに行き、阿弥陀仏の本願を信じて念仏する身になったのはたしかである。親鸞の主著『教行信証』には、このことを「愚禿釈《ぐとくしゃく》の鸞、建仁辛酉《けんにんかのとのとり》の暦、雑行《ぞうぎょう》を棄《す》てて本願に帰す」と記している。建仁辛酉の暦は西暦一二〇一年であり、親鸞、二十九歳のときであった。法然の弟子となった親鸞は法然から綽空《しゃくくう》という名前を授かった。

法難と関東教化

多くの弟子がいた法然門下において、親鸞は高弟という存在ではなかった。元久の法難における「七箇条制誡」では、僧綽空の名で八十七番目に署名をしている。とはいえ、法然から評価を受けていたことは間違いない。元久二（一二〇五）年に『選択本願念仏集』の書写を許されている。『教行信証』の後序で親鸞は、『選択本願念仏集』の書写と法然の肖像画を図画するのを許されたことを感激の言葉とともに記している。法然は、聖道門仏教からの弾圧を恐れ、聖光などごく少数の弟子にしか『選択本願念仏集』の書写を許していなかった。そのなかで書写を許したということは、法然は親鸞を信頼しまた期待していたといってもよかろう。

建永の法難のとき親鸞は、法然と同様に流罪になった。ただし、流罪の地は、法然とは離れる越後の国府であった。流罪にあたり、当時の法にしたがい僧籍を剝奪《はくだつ》され俗名をつけられた。俗名を藤井善信《ふじいよしざね》とされたが、朝廷から押しつけられた俗姓を受け入れず、自ら「禿」を姓として「愚禿親鸞」と名乗るようになった。「愚」とは無智愚悪の意味であり、「禿」とは、剃髪《ていはつ》もせずに結髪もしないさまをいう。僧でもなく、俗でもない、非僧非俗だという親鸞の宗教的態度がこう表明されたのである。

法然門下でそれほどの高い地位ではなかった親鸞が流罪になったのは、公然と妻帯をしたからだとよくいわれる。しかし、ほかに処罰された僧侶の思想傾向に鑑《かんが》みるに、親鸞が諸行往生を否定した点に主要原因を求めるのが妥当であろう。

親鸞は越後に五年間流されていた。その間に恵信尼と結婚し、恵信尼とのあいだに子女をもうけた（平、二〇二二）。建暦元（一二一一）年十一月に法然一門の流罪が赦免され、親鸞も許された。しかし、親鸞は京都に戻ることなく、越後から妻子を伴って関東へと布教に赴いた。関東の親鸞の主な拠点は常陸《ひたち》国笠間《かさま》郡（現茨城県笠間市）の稲田《いなだ》の草庵であった。ここを中心に主として北関東から奥州にかけて教化し、多くの門弟を育てた。

関東教化のあいだの印象的な出来事が恵信尼文書に記されている。それは、建保《けんぽう》二（一二一四）年に佐貫《さぬき》（現群馬県邑楽《おうら》郡明和《めいわ》町大佐貫《まちおおざぬき》か）というところで、親鸞は衆生利益のために浄土三部経を千回読み始めたという出来事である。ひどい日照りが続いた年、中世の習わしでは経典を読んで雨乞いをすることは珍しくなかった。親鸞も日照りに苦しむ民衆を目の当たりにして、その風習にしたがったのであろう。しかし、四、五日たって読経を中止し現世利益を祈ることをやめた。「自ら信じ、人に教えて信じさせることが、まことに仏の恩に報いることになると信じていながら、南無阿弥陀仏を称えるよりほかになんの不足があるのかと」と親鸞はいったというのである。当時の風習と念仏往生の教えの間で、苦悩する親鸞の姿を彷彿とさせる話である。

親鸞の晩年——善鸞事件

関東で親鸞は主著『教行信証』を著し始め、還暦をすぎてから京都に戻り、さらに推敲《すいこう》して完成させた。『教行信証』以外にも、和讃をはじめ多くの文を著した。また関東から訪ねてくる門弟に教えを語り、あるいは書簡を送って遠方の弟子たちを指導していた。

このような晩年に悲劇的な事件が起こった。親鸞が長男善鸞《ぜんらん》を義絶したという善鸞事件である。このときになにが起こったかは必ずしも明確ではないが、現在までに伝わっている書簡などにもとづくと、この事件の経緯はおおよそ次のようなことになる。

建長《けんちょう》三（一二五一）年頃から関東の門弟集団の中に「造悪無碍《ぞうあくむげ》」という考え方をするものが現れ、社会問題になり始めた。これは、「阿弥陀仏はどんな悪人でも救うので、悪を恐れる必要はない。思うままに悪をおこなってよい」という考え方である。門弟たちの要望もあり、親鸞は長男の善鸞を関東に遣わして指導させようとした。

ところが、これがかえって混迷を深めることになった。善鸞は自分独自の門徒集団をつくろうとした。さらには、父親鸞から往生浄土の秘法を自分だけに夜ひそかに伝授されたとか、他の門弟たちの教えを聞いても往生できないといい始めたのである。結局、事件の真相を知った親鸞は父と子の縁を絶つ以外に事態を収拾する方法がないと覚悟した。建長八（一二五六）年五月に善鸞宛に親子の縁を切る旨の義絶状を送り、同時に、善鸞を義絶したことを関東の門弟に通達したのである。これが善鸞事件のあらましである。このとき、親鸞は八十四歳。親鸞にとって大きな精神的ダメージがあったに違いない。しかし、この後もなお精力的に執筆し続けた。

弘長《こうちょう》二（一二六二）年、九十歳で親鸞は逝去する。火葬された後、遺骨は最初、東山大谷の地に埋葬される。その後、門弟たちの協力により親鸞の末娘の覚信尼の屋敷内に六角の廟堂を建てて、そこに墓標と遺骨を移した。そののち、廟堂内に木造の御真影を安置するようになった。廟堂が親鸞の曽孫の覚如に受け継がれ、覚如はこれを寺院化して本願寺と名づけた。これが現在にいたるまでの東西本願寺の始まりである。

2　親鸞による浄土の非神話化

親鸞の諸行理解

親鸞の思想は、明治以降、近代文明を取り入れた知識人に好んで取り上げられてきた。その大きな理由の一つは、親鸞の論じる浄土は感覚に訴えるものではなく、抽象度が高く、理性的思考に適合しやすい面があったからである。経典に描かれた浄土の神話的イメージを払拭し、浄土の非神話化をはかった点に親鸞の近代的特徴がみられる。実際には、感覚的な浄土を否定するだけではなかったが、浄土の非神話化に親鸞の思想の大きな特色があることはたしかである。親鸞の諸行理解の観点から、非神話化の論理構造を説明することにする。

『教行信証』は六巻から成り立っており、最後の巻「化身土巻《けしんど》」で諸行往生の問題が論じられている。親鸞は、真実の浄土以外に「化土《けど》」があるとする。「化土」とはいわば極楽の辺地である。親鸞は、化土も含めた浄土に往生する人を三通りに区分する。この三通りの往生を、阿弥陀仏の四十八願のうちの第十九願、第二十願、第十八願に対応させる。第十九願では、定善や散善を実践する人の臨終に阿弥陀仏が来迎することが誓われている。第二十願は、念仏を真剣に称える人が浄土に生まれることが誓われている。第十八願は真実の願で、真実信心を獲た人は必ず真実の浄土に往生することが誓われている。

親鸞はこの三願をさらに浄土三部経の教えに配置する。すなわち、観無量寿経の表面上の教えは第十九願に対応し、その教えを行じる人は化土に往生する。阿弥陀経の表面上の教えは第二十願に対応し、この教えを信じ自力で念仏を称える人は、これまた化土に往生する。真実の無量寿経の教えを信じ、第十八願に信順し他力の念仏を称える人のみが真実の浄土にただちに往生できるとする。図示するとこうなる。

第十九願	観無量寿経	化土への往生	諸行
第二十願	阿弥陀経	化土への往生	自力の念仏
第十八願	無量寿経	真実の浄土への往生	他力の念仏

このような三願理解において、諸行往生は第十九願に配置される。真実の浄土に対して化土を建てることで、諸行を位置づけたのである。親鸞は諸行往生を肯定的に論じていない。化土は「疑城胎宮《ぎじょうたいぐ》」とも表現されている。「疑城」といわれるのは、本願を疑う自力の行者がとどまるところだからである。浄土といっても蓮の花につつまれ、あたかも母の胎内にあるように、五百年の間、仏に遇《あ》わず法も聞くことができない不自由な状態になるので「胎

宮」といわれる。

観無量寿経で表面的に説かれている定善・散善など諸善万行をしても、真実の浄土に往生できない。たとえ阿弥陀経に説かれている念仏を一生懸命に称えても、自分の功にたよっているのではいけない。自力を捨て本願他力に帰することを勧めるのである。このように否定的な仕方であれ、親鸞は諸行を一定の教義体系のなかに位置づけたのである。

親鸞の浄土観

法然の説いた専修念仏の教えをその弟子たちは引き継いだ。しかしたんに受け継いだのでなく、専修念仏と諸行との関係をそれぞれの仕方で整理して論じ、それぞれの教学体系を形成していった。親鸞の場合には、浄土のうちに化土を想定した。それは神話的なイメージに満ちた浄土を否定し、浄土を非神話化する親鸞独自の思想と一体となっている。

経典には神話的な浄土が具体的に描かれている。たとえば観無量寿経に説かれた定善十三観には、色とりどりで美しい姿の極楽国土の荘厳《しょうごん》が示されている。また、阿弥陀経の説く浄土も神話的なイメージに満ちている。そのイメージの一部を紹介しておこう。極楽浄土には、七重に張り巡らされた玉垣、七重の飾り網、七重の並木があり、それらは金・銀・瑠璃・水晶の四宝でできている。七宝《しっぽう》の池があって、八種のすぐれた功徳を具えた水がその中に満ちている。池の底には金の砂がしかれている。また、大地は黄金でできており、昼夜にそれぞれ三度ずつ、天から曼荼羅華の花がふりそそぐ……などと詳しく描かれている。

しかし、親鸞はこのような浄土を、浄土への関心を誘うものであっても、真実の浄土ではないと否定的に捉える。それでは親鸞は真実の浄土をどう捉えているか。『教行信証』の第五巻「真仏土巻《しんぶつど》」で、真の浄土と真の仏の特徴を「光明無量」と「寿命無量」だと親鸞は表現する。暗黒の世界を破る、「無限の光」と「無限のいのち」だというのである。この永遠の光の源が衆生の生きるよりどころになり、帰るべきところであることを教示している。これ以外の具体的なイメージを用いない。感覚的な表現を避けており、神話的な浄土を「非神話化」したと評されるゆえんである。

親鸞の浄土観は、衆生が浄土で得る「さとり」の内容と深くかかわっている。一般的な浄土思想では、浄土は成仏のための修行がしやすい場所と解されている。浄土は悪縁のない清らかな世界であり、阿弥陀仏が常に説法し、観音菩薩や勢至菩薩などの多くの菩薩が先輩として存在しており、修行のしやすい環境だとする。そのため、悪縁の多いこの世の穢土を離れて、浄土に往生し、そこで成仏を目指すというものであった。

ところが、親鸞は浄土に往生すると同時に、仏の境地、すなわち完全なさとりの境界である大涅槃《だいねはん》に達するとした。つまり、完全に煩悩が消滅し、阿弥陀仏と同じ仏のくらいにつくというのである。信心を獲た人は、真実の浄土では大涅槃に達するので、一切の分別を超える智が即座に現れて、世界の真相である「真如《しんにょ》」あるいは「一如《いちにょ》」をさとる。親鸞はこのような涅槃の徳を「滅度・常楽・畢竟寂滅《ひっきょうじゃくめつ》・無上涅槃・無為法身《むいほっしん》・実相・法性《ほっしょう》・真如・一如」などと表現している。しかも、仏になった人は、浄土に安住せず、再び現世に還《かえ》り、他の衆生を教化して仏道に向かうことになる。つまり、現世で往生が定まり浄土に行くや、ただちに仏になり、再び現世に戻り衆生を教化するのである。これが『教行信証』の根幹にある「二種回向《にしゅえこう》」といわれる思想である。

親鸞は、『教行信証』の教巻の冒頭にこう述べている。「つつしんで浄土真宗を案ずるに、二種の回向あり。一つには往相《おうそう》、二つには還相《げんそう》なり。往相の回向について、真実の教行信証あり」。往相回向と還相回向という二種回向が浄土真宗の中心だといっているのだ。親鸞は「回向」を独特の意味で用いている。回向とはさし向けることであり、普通は自己の善をさし向けて、自己や他人の救済をはかることを意味する。ところが、親鸞の場合は、回向の主体は阿弥陀仏である。阿弥陀仏が自己の善をさし向けて、衆生が浄土に往生して仏になり（往相回向）、また再び穢土に還って、利他教化の働きをする（還相回向）ようにさせるというのである。

阿弥陀仏の本願力により、衆生は浄土に生まれるだけでなく、また穢土に戻ることになる。

浄土を空間的にイメージせず、さとりの内容も穢土である現世と積極的にかかわるようなものとして説明したのである。このような親鸞の思想は近現代の知識人に受け入れられやすい面があった。西田幾多郎《にしだきたろう》や田辺元《たなべはじめ》、三木清《みききよし》のような近代日本を代表する哲学者が親鸞の思想を論じるようになったのは偶然ではない。ただし、本書はそのような哲学者の親鸞論には立ち入らない。本書では近代に強調された親鸞の知性的側面ではなく、浄土教の物語に依拠し、そこから生まれるイメージを否定しなかった点を見ていきたいからである。次に述べる救済の物語が発生する地点が重要なポイントとなる。

物語の発生の根源

親鸞の浄土観には物語の構築を支える論理、いわば物語の舞台裏を明らかにする論理が含まれている。世界の真相は「真如」あるいは「一如」とされる。これは大乗仏教に共通する世界観である。親鸞は、この究極真如の法性の世界、すなわち有と無とを離れた真如一実の世界から阿弥陀仏は現れ出たと述べる。この真如を本身とする仏身を「法性法身」という。

そもそも、仏教の伝統の中で「仏」のことを「如来」ともいうが、「如来」とは「真如より現れ来たった者」を意味する。この伝統を踏まえて親鸞は、阿弥陀仏のさらに奥底の真如にまで思索をめぐらす。そして、その奥底から来生して、一切衆生を救うあり方を、光や命という象徴的言語で表現するのである。

このような観点から、親鸞は法蔵説話の成り立ちを説明する。親鸞の理解では、もともとの真如の形のない大涅槃の世界から、法蔵菩薩が出現し、改めて誓願を建てて阿弥陀仏になったのである。この阿弥陀仏は、誓いと修行が報われ成就した仏であるので「報身如来《ほうじんにょらい》」ともいう。このことを親鸞の晩年の著作『一念多念文意《いちねんたねんもんい》』では次のように述べている。

この一如宝海よりかたちをあらはして、法蔵菩薩となのりたまひて、無礙《むげ》のちかひをおこしたまふをたねとして、阿弥陀仏となりたまふがゆゑに、報身如来と申すなり。これを尽十方無礙光仏となづけたてまつれるなり。この如来を、南無不可思議光仏とも申すなり。この如来を方便法身《ほうべんほっしん》とは申すなり。方便と申すは、かたちをあらはし、御《み》なをしめして、衆生にしらしめたまふを申すなり。すなはち、阿弥陀仏なり。（『浄土真宗聖典（第二版）』六九〇―一）

「一如」と「方便法身」との関係を述べるこの文章は、法蔵説話の舞台裏を説明している。本来平等の「一如」の真実の世界から、法蔵菩薩が現れて、誓願を建てて修行をすることで阿弥陀仏となった。この阿弥陀仏は、十方世界にみちみちて、一切衆生をさわりなく救う大悲の智慧の徳をもつ如来であるので「尽十方無礙光仏」という。また、「南無不可思議光仏」ともいうのは、人間の思議を超えた絶対の徳を成就された如来だからである。「方便法身」というのは、姿を現し御名を示して衆生にお知らせくださることをいう。つまり、「方便法身」とは、真如そのものである「法性法身」が、衆生救済のために名を示し形を現した仏身であり、これが阿弥陀仏だと親鸞はいうのである。

親鸞の思想における物語の位置づけをまとめておこう。完全な仏とは、真如あるいは一如をさとった存在である。しかし、このさとりに自分の力では到達できない衆生がいる。この衆生を救うために真如から、形をとった仏、阿弥陀仏が現れる。物語を生み出す根本に位置するのは真如である。真如に直接に到達できない衆生は、阿弥陀仏が登場する物語、すなわち法蔵説話の力に依拠することで、間接的に真如に到達することができる。親鸞は『教行信証』信巻で、信心とはなにかを、「仏願の生起本末《しょうきほんまつ》を聞きて疑心あることなし」と説明している。阿弥陀仏が衆生の救済の願を起こした由来と、その願を成就して現実に私たちを救済しつつあることを聞いて疑いないことが信心なのである。浄土教の物語を疑いなく聞くことが信心だというのである。

このように浄土思想が物語の力で成り立っていることを、親鸞は仏教用語を用いて説明していたのである。それゆえ親鸞の「非神話化」を、たんに感覚的な表現を避け、抽象的な浄土を示したと見るならば、それは一面的な理解となる。むしろ形のないところから、形のある世界を表す力を示したと解するべきであり、真如が説話・神話を生み出すことが示されているのである。

『教行信証』証巻で親鸞は、真如からさまざまな形が生まれることをこう述べる。「しかれば、弥陀如来は如より来生して、報・応・化、種々の身を示し現じたまふなり」（『浄土真宗聖典（第二版）』三〇七）。阿弥陀仏は、真如から示現した「報身仏《ほうじんぶつ》」であるが、さらにそれが無数の「応身仏《おうじんぶつ》」「化仏《けぶつ》」として示現する。「応身仏」とは衆生の機根に応じてこの世に登場した仏であり、ここでは釈尊を意味する。「化仏」とは衆生を救済するためにさまざまな姿をとって現れる仏である。いずれにしろ、真如が具体的な形をとることを明言している。

実は、物語発生の根拠を論じているのは親鸞だけではない。證空も親鸞と同じように真如から阿弥陀という仏が立ち現れるとしている。證空著とされる『観経疏大意』で阿弥陀仏の出現のさまはこう説明されている。

形のない仏性としての阿弥陀は十劫以前にも存在しており、現在でも凡夫・聖人の心中に遍満している。しかし、そのような仏性としての阿弥陀は、抽象的な「理」であり、凡夫にはわからない。そこで凡夫のために具体的な形をとって、西方浄土にいる阿弥陀として出現したのである。凡夫が流転輪廻の世界から出離するにはこのような具体性が必要なのである。

それゆえ、阿弥陀仏が十劫の昔に仏になったと無量寿経に説かれているのだ（『西山上人短篇鈔物集』取意、二六）。

ところで、親鸞と證空の師である法然は、法蔵説話を成り立たしめている根拠にさかのぼって説明することはなかった。法然にとっては成立した阿弥陀仏の物語で救済には十分であり、それ以上のことを知るのは救いにかかわりないと考えたのであろう。それに対して、親鸞や證空は、大乗仏教の伝統の中に浄土思想を位置づけるため、救済の根拠にまで思索をめぐらしたのである。

自然法爾

親鸞は、その晩年に「自然法爾《じねんほうに》」にかんする思想を説いた。八十六歳のときの法語に表現された思想だ。この法語で注目されるのは「無上仏」という言葉である。無上仏は、「かたちもなくましますゆえ」のであり、さらにそれゆえ「自然」だと親鸞は説明している。この説明にもとづけば、形のある阿弥陀仏を超えた「自然」があることになる。このため、親鸞の晩年の思想は、しばしば「自然をありのままに肯定する」思想に引き付けて解釈されたり、自然崇拝の例として取り上げられたりすることもあった。しかし、「自然法爾」の思想構造は、用語や説き方が異なってはいるものの、『教行信証』や『一念多念文意』と同じである。『教行信証』や『一念多念文意』で、「真如」あるいは「法性法身」と表現した事柄を「無上仏」と表現し、さらにそれを「自然」と呼び変えている構造となっている。

自然法爾の法語を理解するうえで重要なポイントは二つある。一つは、親鸞が繰り返し、「ちかひ」という言葉を述べている点である。法蔵説話にもとづく阿弥陀仏の誓願（本願）によって、衆生が救われることを親鸞は強調している。もう一つは、阿弥陀仏を成り立たしめている根源――自然法爾の法語ではそれが「無上仏」とか「自然」と表現される――へのまなざしがあるとともに、根拠があることがわかれば、それ以上、このことを議論すべきではないと述べている点である。

第一のポイントは、自然法爾の法語の前半部分に記されている。前半の冒頭部分を引用しておく。

「自然」といふは、「自」はおのづからといふ。行者のはからひにあらず。「然」といふは、しからしむといふことばなり。しからしむといふは、行者のはからひにあらず、如来のちかひにてあるがゆゑに法爾といふ。「法爾」といふは、この如来の御ちかひにてあるがゆゑに、しからしむるを法爾といふなり。……（『浄土真宗聖典（第二版）』七六八）

この文章で親鸞は、阿弥陀仏の誓願による救いの特色を自然と表現している。衆生が自力ではからうのではないことを「自然」というのである。

法語後半の文章には、「無上仏」という言葉が登場する。無上仏は形を離れているので、それゆえに「自然」と呼ばれる。ただし、この論理をいったん理解したならば、もう論議すべきではないと次のように述べている。

無上仏と申すは、かたちもなくまします。かたちもましまさぬゆゑに、自然とは申すなり。かたちましますとしめすときには、無上涅槃とは申さず。かたちもましまさぬやうをしらせんとて、はじめて弥陀仏と申すとぞ、ききならひて候ふ。弥陀仏は自然のやうをしらせん料なり。この道理をこころえつるのちには、この自然のことはつねに沙汰すべきにはあらざるなり。（『浄土真宗聖典（第二版）』七六九）

この文章では、「無上仏」・「無上涅槃」・「自然」は、いずれも無色無形の真如そのものを言い表している。そして、無上仏・無上涅槃・自然は、阿弥陀仏を超えた存在であり、阿弥陀仏はそこを起源とし、阿弥陀仏を通して働いている。このことが「弥陀仏は自然のやうをしらせん料なり」と述べられている。「しらせん料」とは「するためのもの」を意味し、阿弥陀仏は自然ということを知らせようとする働きということである。しかも、これをいったん理解したならば、もう論議すべきでないと親鸞はいう。根拠そのものを問うことは詮《せん》のないことだと述べているのである。

自然法爾の思想は、阿弥陀仏や浄土の神話性を否定する近代知識人に好まれた。親鸞は浄土教の思想を「非神話化」した思想家として論じられることもある。たしかに、他の浄土教の思想家に比べ、親鸞は感覚的で実体的な浄土は否定的に取り扱っている。親鸞の教説の大きな特徴は、仏や浄土を感覚的・現実的イメージではなく、抽象的・原理的に表現することにある。しかし、この親鸞の思想の根底には、法蔵説話の力とその説話を生み出す根拠への信頼がある。物語の存在が、世界や自己をありのままに崇拝する自然崇拝との違いとなる。そのような神話的表象を生み出す根拠に目を向けるとともに、そこから救いを具体化する「阿弥陀仏」が立ち現れることを親鸞は指摘するのである。

3　親鸞の夢と親鸞伝

六角堂の夢告

親鸞は、感覚的な仏や浄土を全面的に否定したわけではない。真如から現れた阿弥陀仏が、さまざまな形をとってこの世に救いの手がかりを与えているとしている。その手がかりの一つは「夢」である。

親鸞の妻、恵信尼は、親鸞の夢について貴重な証言をしている。先に述べたように、親鸞が比叡山を下りて、法然のもとに行くきっかけとなったのは六角堂での救世観音からの夢のお告げであった。そのときに親鸞が夢で受けた偈文は、もともとは恵信尼の手紙に付載されていた。恵信尼は娘に「聖徳太子の示現の文」を手紙につけておくと書いていたのである。ところが、その文は失われたため、この文がなにかが研究者の探求の対象となった。いくつかの説が出されたが、現在では、「行者宿報偈《しゅくほうのげ》」を指すとおおかたの意見は一致している。そこでこの説にしたがい夢の内容を紹介していく。

「行者宿報偈」とは『親鸞伝絵』にも、また親鸞の高弟であった高田の真仏《しんぶつ》の記録である『親鸞夢記』にもひかれている次のような偈文である。

行者宿報設女犯　我成玉女身被犯
一生之間能荘厳　臨終引導生極楽

現代語訳すると、「行者が宿報（過去世につくった行為の報い）によって女犯《にょぼん》することになれば、私観音が玉女《ぎょくにょ》の身となって犯されよう。一生の間よく荘厳して、臨終には引導して極楽にうまれさせよう」という意味になる。この偈文に続いて、『親鸞伝絵』でも『親鸞夢記』でも、「救世観音がこの偈を唱えて、〈これは私救世観音の誓願だ。これをすべての人々に説き聞かせなさい〉とお命じになった。そこで、その命にしたがって、数千万の人々にこれを説き聞かせようとしたところで、私親鸞の夢がさめてしまった」とある。

「行者宿報偈」の意味はしばしば誤解されてきた。若き親鸞は、個人的な性欲の問題に悩んでいたと解されたのである。しかし、近年の研究者はこのような解釈は間違っているとする（脇本、一九七三／中村、一九八五／平、二〇二一）。

その理由は、第一に、中世の僧侶の実態解明が進み、妻帯が常態化されていたことがわかってきたからである。親鸞在世の時代には、無数の妻帯僧がいた。しかも、代々栄達する妻帯の延暦寺僧も存在した。実子相続もなされ、そのことはよく知られていたのである。

第二に、親鸞の夢告の前提が解明されてきたからである。「行者宿報偈」の内容は、『覚禅《かくぜん》鈔《しょう》』という書物に記載された如意輪観音の記事にきわめてよく似ていることが発見された。親鸞はおそらくこの記事を六角堂に入る前に知っていたと推察されている。このような歴史的事実の知見の深化にもとづき、「行者宿報偈」から親鸞は個人的な性欲の問題の解決にとどまらない、根源的な罪業を背負った人間の救済の可能性を感じ取ったと考えられるようになってきた。

研究者が注目したのは、如意輪観音の記事と「行者宿報偈」の内容は、類似しているものの、そこに相違がある点である。まず『覚禅鈔』では、「邪見の心」があり「淫欲」が多い意志薄弱の男に対して妻帯を可能にするという話となっている。しかし、親鸞への示現の場合、女犯が「宿報」と表現されている。「宿報」という表現により、本人の意志を超えた普遍的で根本的な罪業が問題となっていることがわかる。

宗教学者の脇本平也《わきもとつねや》は、「宿報」という表現のあるこの偈文に出会った親鸞の心性を鋭く指摘している。すなわち、「自意識を越えた「宿報」によって支配される人間存在の根源的なあり方と、これを逆説的に救い上げる誓願の不思議のはたらきとを、親鸞はこの象徴的な詩のうちに読みとった」と捉えるのである。

脇本が指摘するように、「行者宿報偈」を受けとめた親鸞の心性を、普遍的な救済の次元で理解しなければつじつまの合わないことがある。というのは、『親鸞夢記』も『親鸞伝絵』も、この偈文を布教活動と結びつけているからである。親鸞の直弟子たちは、この偈文を親鸞個人の欲望の解決の問題ではなく、衆生済度の次元で捉えていた。つまり、親鸞の夢のお告げをたんなる妻帯の許可の問題ではなく、普遍的な救済の教えの導きと理解したのだ。親鸞がこの偈文の啓示を受けて、ただちに法然のもとに行ったのは、妻帯を容認するという個人の欲望の次元ではなく、人間存在の根源を見据えたうえで、その救済の可能性が開かれるという希望をもったからであろう。

親鸞は六角堂の夢告だけを重要視していたのではない。『教行信証』には、夢のお告げによって名前を変えた経緯について感慨をこめて述べている。一二〇五（元久二）年法然七十三歳のときのことである。親鸞はこの年の四月十四日に『選択本願念仏集』を書き写すことができた。その同じ日、法然の肖像画を借りてそれを模写し始めた。模写が終わったのは七月二十九日であった。そのとき法然は自ら筆をとって、南無阿弥陀仏という文字と善導の言葉を、親鸞が模写した肖像画に書き入れてくれた。さらに親鸞に夢で告げられた新しい名前を法然が書き入れてくれたというのである。

そもそも、親鸞が「夢」をどのように考えていたのか、恵信尼文書から知ることができる。第三章第3節で触れたように、親鸞と恵信尼が常陸の下妻にいたとき、法然が勢至菩薩の化身であるという夢を恵信尼が見たことがあった。そのことを親鸞に語ったところ、親鸞が夢にもいろいろな種類があるが、その夢は「実夢」であると答えた。このような実夢の原理について、親鸞は特段の説明はしていない。法性法身がさまざまな仕方で形をとって現れることを当然視していたのであろう。

芝居としての王舎城の悲劇

法性法身が具体的に現れると考えていた親鸞は、観無量寿経に説かれた、王舎城の悲劇についても独特の説明をしている。第二章第3節で述べたように、善導は観無量寿経の主人公である韋提希を「凡夫」であるとみなした。当時の観無量寿経解釈で韋提希を「高位の菩薩」であると主張した浄影寺慧遠らに反対したのである。韋提希は、実際に凡夫であり、将来の凡夫も凡夫であるままに救済されるというのが善導の画期的な解釈であった。

ところが、親鸞はこの善導の解釈をひっくり返す。親鸞は、韋提希を阿弥陀仏の化身だと捉えた。ただし、これは慧遠らのいう「高位の菩薩」論とはまったく異なった立場であった。

親鸞は、観無量寿経の王舎城の悲劇をまさに「劇」、お芝居とみなしたのである。善導のいうように韋提希は凡夫であり、凡夫往生の先達であることを踏まえたうえで、阿弥陀仏の救いの徹底した働きが韋提希において現れていると捉えた。親鸞はその著『教行信証』の冒頭で韋提希のみならず、阿闍世や提婆達多らも含めて「権化《ごんけ》の仁《にん》」と呼んでいる。「権化の仁」とは阿弥陀仏が苦悩の衆生を化導《けどう》するために現された人という意味である。提婆にそそのかされて阿闍世が父王を殺し、韋提希を捕らえたことも、浄土に生まれる教説を説く機縁となるためだという のである。

親鸞は『浄土和讃』でも王舎城の悲劇について同様のことを述べている。そこでは、韋提希をはじめ阿闍世など観無量寿経に登場する人の名をすべて列挙したあとに、

大聖《だいしょう》おのおのもろともに　凡愚底下《ていげ》のつみびとを
逆悪もらさぬ誓願に　方便引入《いんにゅう》せしめけり（『浄土真宗聖典（第二版）』五七〇）

と讃嘆している。和讃の冒頭の「大聖」は韋提希や阿闍世を指している。韋提希らはみな浄土の聖者である。かれらが観無量寿経に登場したのは、愚かな凡夫である私たちを、どんな悪人でも救う本願に、巧みに導き入れようとしているからだというのである。これが親鸞の韋提希理解である。

私は本書で浄土教を物語の観点から捉えてきたが、そもそも親鸞が観無量寿経の王舎城の悲劇は、どんな悪人でも救うことを教える浄土思想を知らせるためのドラマだとみなしてい

たのである。感覚的で神話的な要素をたんに解体するのではなく、それらが立ち上がるところを見据えたうえで、物語のもつ力が救いへと導くことを親鸞は指摘していた。

『親鸞伝絵』の制作

親鸞の死後、まもなく親鸞伝がつくられた。法然の場合には、多くの遺弟たちがそれぞれの門流ごとに法然伝を制作していき、その決定版ともいうべき『四十八巻伝』が成立するのは、法然没後百年たってからである。

親鸞の場合、その伝記の決定版となる『親鸞伝絵』は比較的早くに成立した。親鸞没後の三三年目にあたる一二九五（永仁《えいにん》三）年に、親鸞の曽孫にあたる本願寺三代目の覚如が『親鸞伝絵』の初稿本を完成させたのである。もっとも、この初稿本は南北朝の動乱期に焼失した。初稿本を失った覚如は、改めて一三四三（康永《こうえい》二）年に『親鸞伝絵』康永本を完成させた。また、初稿本を焼失する以前に制作した本が高田派本山専修寺《せんじゅじ》蔵と西本願寺蔵として伝えられている。これら三本はいずれも初稿本をもとに、覚如が直接に制作にかかわったものである。描かれた内容はほぼ同じであるものの、場面構成で異なるところがある。三本のうち、康永本が親鸞伝の標準型として広まっていった。

『親鸞伝絵』は絵と詞書《ことばがき》（文章）とが交互に描かれた絵巻物である。のちに、この絵の部分と詞書の部分とが分けられ、絵だけを集めて掛け軸仕立てにしたものを「御絵伝」（親鸞絵伝）と呼び、詞書のみ抄出したものを『御伝鈔』と呼ぶようになった。標準型の康永本は、上下二巻からなっており、上巻は八段、下巻は七段に分かれている。「御絵伝」は、この絵の部分を掛け軸にし、それを四枚セットの四幅形式としたものが一般的である。

東本願寺（大谷派）でも西本願寺（本願寺派）でも、康永本にもとづく掛け軸の御絵伝を宗派に属する全国の寺院（末寺）に授与している。この掛け軸が、真宗寺院の年中行事でもっとも重要な仏事である報恩講で用いられる。報恩講とは、親鸞の祥月命日の前後に、宗祖親鸞の恩徳に報謝するために営まれる法要である。報恩講では、掛け軸の御絵伝を本堂の余間に掛け、『御伝鈔』を拝読する。この儀式を通して、門信徒は親鸞のご苦労を偲《しの》ぶとともに、そのご恩に感謝する。この伝道方法は、江戸時代には各寺院に広まり、現在にいたるまで各地で続けられている。このような方法で康永本の『御伝鈔』は、宗祖親鸞のイメージを形づくるのに決定的な影響を与えてきた。『御伝鈔』以降、いくつもの親鸞伝が真宗教団において制作されてきたが、それらのいずれもが『御伝鈔』の記述をもとにしてきたのであった。

『御伝鈔』には歴史的事実と明らかに相違する点がいくつもあり、総体として覚如によって創作された物語として理解されなければならない。親鸞の教えが真実であるということを示すために、親鸞を聖なる存在として語っているのである。さらに、そこに制作者である覚如の位置を確固たるものにする話が巧みに組み込まれている。

覚如は、親鸞の娘覚信尼の長男である覚恵《かくえ》の子であり、親鸞の曽孫にあたる。ところが、覚如の立場は不安定なものだった。覚如の時代には、関東の門弟たちの力が強かったのである。覚信尼は長男である覚恵に、親鸞の墳墓の地につくられた廟堂を管理し守護する役目(のちに「留守職《るすしき》」と称する)を譲った。しかし、それは覚恵がその廟堂を自由にできるものではなく、関東の門弟たちの同意・承認を必要とするものであった。

そのうえ、留守職をめぐって、唯善《ゆいぜん》との争いが起こった。唯善は、覚信尼と後夫の小野宮《おののみや》禅念《ぜんねん》の子である。覚信尼と前夫の日野広綱《ひのひろつな》との子である覚恵の異父弟であり、覚如からすると叔父にあたる。廟堂の地がもともと唯善の父である小野宮禅念の私有地であったため、唯善が廟堂を相続する権利を主張したのである。この争いは訴訟沙汰になった。訴訟に覚如は勝ったものの、留守職となるために、さらに関東の門弟の支持をえるのに尽力せざるをえなかった。一三一〇(延慶《えんきょう》三)年の秋、ようやく門弟たちの同意をえて、留守職に就任することができた。覚如は、本願寺を拠点にして親鸞の教えの後継者として門弟たちをまとめる必要があったのである。

親鸞の聖人化

このような状況を背景にして作成された『親鸞伝絵』で、まず目がとまるのは、法然の弟子のなかで親鸞がその教えの正しい継承者だという話が多いことである。親鸞自身は、別に新しい宗派を創始するという意識はなかった。浄土真宗を開いたのは法然であると明言しているのである。

ところが、親鸞は法然のたんなる弟子ではないことが『御伝鈔』では記され、親鸞自体が聖なる存在であると強調されている。聖なる存在であることを根拠づけるための「夢」の話が何度も用いられている。全十五段のうちの五つの段で夢をもとにして「弥陀如来の化身」としての親鸞の聖人性が示されたのだ。そのうちの長野の善光寺にかかわる上巻八段の概要を紹介しておこう。

仁治《にんじ》三（一二四二）年九月二十一日、七十歳の親鸞が京都で過ごしていたときのことである。弟子の入西《にゅうさい》が親鸞の姿を描かせようとして、定禅《じょうぜん》という画家を呼んだ。すると定禅が昨晩みた夢の中にでてきた僧と親鸞の顔がまったく同じだといい、夢の内容を語る。その夢では二人の貴僧が訪れてきた。一人の僧が、もう一人の権化の僧の姿を描いてほしいと依頼する。権化の僧はだれかと定禅が尋ねたところ、依頼した僧は、信州の

「善光寺の本願の御房」だと答えた。定禅は「生身の阿弥陀如来」だと身の毛のよだつような思いがして丁重に拝礼した。「お顔だけを描いてもらえばいいのです」というような問答があったところで夢が覚めた。ところが今、ここで親鸞を見ると夢のなかの権化の僧と少しもちがわないといって、定禅は随喜の涙を流し、親鸞のお顔を描いた。この奇瑞の意味を考えてみると親鸞は「阿弥陀如来の化身」であることは明らかである。それゆえ、親鸞の説いた教説は「阿弥陀如来の直説」というべきである。親鸞の教えを仰ぐべし、信ずべし。

この第八段では、夢を媒介にして親鸞を仏の位置においている。より詳しくいえば、親鸞を「善光寺の本願の御房」とおいたうえで、それを阿弥陀仏の化身としている。長野の善光寺の本尊である阿弥陀三尊仏は「生身」、すなわち実際に生命が宿っている霊像として深く信じられていた。「善光寺の本願の御房」とは、親鸞在世の鎌倉時代には、善光寺聖《ひじり》を指していた。善光寺への信仰を民衆に説くとともに、寄進を募って各地を遍歴する僧尼のことである。鎌倉幕府がそれを庇護《ひご》したこともあり、善光寺聖の活動は活発になされた。ここでは、生身の阿弥陀仏が僧形をとって定禅の夢に現れたと解釈され、しかも夢の翌日に会った親鸞がその僧とそっくりであったので、親鸞はまさに阿弥陀仏の化身だと理解されたというのである。

親鸞と善光寺信仰との関係は深い。親鸞が流刑地であった越後から京都に戻らず関東へと移り布教活動したのは、親鸞が善光寺聖であったからと考える研究者もいる。親鸞に善光寺への信仰が実際にあったかどうかは、不明な点が残るものの、関東の門徒のなかには善光寺信仰をもつものがたしかにいた。

その代表が真宗十派の一つで、親鸞在世から現在まで続いている真宗高田派の門徒である。高田派のもともとの中心地であった下野《しもつけ》（栃木県）高田専修寺の本尊は、善光寺式の阿弥陀三尊仏である。十六世紀のはじめに高田派の本山は現在の三重県津市に移されたものの、善光寺式阿弥陀仏への信仰は継承している。

覚如が『親鸞伝絵』で善光寺信仰を取り上げたのは、たんに定禅の夢をもとにして親鸞が阿弥陀仏の化身であることを喧伝《けんでん》しようとしただけかもしれない。それだけでなく、善光寺信仰を有している人々を本願寺のもとに引き付けようとしたのかもしれない。いずれにしても、中世における善光寺信仰を背景にしていたことには違いない。このように新たな物語の誕生は、しばしばその時代精神を背景にして、新たな信者層獲得につながっていたのである。

『親鸞伝絵』　下巻第七段

宗祖親鸞

『親鸞伝絵』は最終的に、本願寺の存在意義とその留守を護る覚如の存在を印象的に示している。『親鸞伝絵』は、親鸞の臨終を描いた下巻第六段のあとの最後の第七段で、大谷の墳墓を改葬して、本願寺が建立された経緯を語る。親鸞の法統は、本願寺に受け継がれているのであり、その本願寺を守るもの、すなわち覚如が親鸞の正統な後継者であると暗示されている。

図の説明となる詞はおおよそ次のような内容である。親鸞滅後一〇年を経た一二七二（文永《ぶんえい》九）年、吉水の北あたりに仏閣を建てそこに親鸞の遺骨を移し、親鸞の影像を安置した。この頃になると親鸞の教えはいよいよ興隆してきた。門下の人々は諸国に満ちあふれ、報恩謝徳に励む人はみなこの廟堂に参詣にやってくるようになったということである。

このように本願寺の隆盛を喧伝し、親鸞を慕うものは当然、ここに参詣すべきだと勧めている。第七図には中央に親鸞像を安置した堂が描かれており、その右に箒《ほうき》を持って庭を掃く人物が一人いる。この人物は覚如である。本願寺を管理し、親鸞の教えを正当に受け継ぐものは覚如だと表現しているのである。

現在の東西本願寺には、親鸞の御影を安置した巨大な御影堂が建立されている。阿弥陀仏を安置した阿弥陀堂よりも御影堂の方が大きく、また境内のより中心に置かれている。このように宗祖の像を安置する御影堂・祖師堂を中央に置くことは浄土宗の本山にもみられる。宗祖を称揚する場をつくり、宗派としてのまとまりを強め、信徒の参拝を勧めた。そのなかでも浄土真宗の御影堂は、最大級となっている。『親鸞伝絵』の伝播《でんぱ》がこのような御影堂の存続を可能にしてきたといっても過言ではなかろう。

親鸞は、『教行信証』で抽象的な思弁を展開している。たしかに、そこには深い宗教哲学の内容が認められる。しかし、その抽象性を補完する感性的な仕組みがなければ、多くの信者をえることはない。『親鸞伝絵』は、浄土真宗の流布にかけがえのない役割を果たしてきたのである。

第六章　二十世紀の新たな物語

これまでに示してきたように、浄土教団の祖師の物語の原型は、鎌倉時代から室町時代のはじめにかけて成立した。それをもとに、近世から現代にいたるまでさまざまな祖師の物語が制作されてきた。

そのなかで多くを占めたのは、親鸞にかんする物語である。親鸞を祖師とする浄土真宗の信者が他宗派に比して多いということもあろう。ただそれだけでなく、親鸞には物語の材料が豊富なのである。越後に流され、妻帯し、しかも晩年に息子善鸞を義絶するなどドラマチックな要素が多い。

近年、親鸞をはじめとする祖師伝の研究が盛んになされてきた。親鸞伝の研究者、塩谷菊《えんやきく》美《み》『語られた親鸞』は、中世以降近代にいたるまで、親鸞伝がどう変容し、受容されていったかを紹介している。また宗教とメディアについて研究している大澤絢子《おおさわあやこ》は、その著『親鸞「六つの顔」はなぜ生まれたのか』で、近現代におけるさまざまな分野での親鸞像を示している。これらの研究書は、時代の変遷の中で、民衆の精神的欲求に呼応しながら祖師伝が制作されていったことをよく示している。

祖師伝だけではなく、それ以外にもさまざまな物語が生まれてきた。近世から近代にかけては妙好人伝《みょうこうにんでん》といわれる物語がいくつも編纂された。妙好人とは、浄土教の篤信者、とくに浄土真宗の在俗の篤信者を意味する。妙好人伝の嚆矢《こうし》となるのは、浄土真宗本願寺派の僧、仰誓《ごうせい》（一七二一―九四）が編纂した『妙好人伝』である。その後、数々の妙好人伝が刊行された。これらの書籍で、農民や商人などが浄土思想を自己のものにして生活したありさまが描かれた。

このようにいくつもの浄土教の物語が生まれてきたのであるが、本章では、明治維新以降、西洋文明が日本社会に導入されるなかで生まれてきた新たな物語の形態について論じることにしたい。その新たなタイプの物語は「実験の物語」とでもいうべきものである。「実験」とは、現代の意味では「体験」、自ら実際に体験したということである。実験の物語の成立をみることで、近代における宗教的物語発生の特徴がおさえられる。まず、近代浄土教の代表的な「実験の物語」を語った、近角常観《ちかずみじょうかん》の回心物語を取り上げ、そこから二十世紀の終わりまでの浄土教の物語の変容を考察することにしたい。

1　近角常観の「実験の物語」

真宗の僧、近角常観

明治に入り西洋文明が本格的に日本に導入されるようになった。科学的世界観が受け入れられるようになり、西方に浄土が実在するという実感をもつことが難しくなってきた。そのため一般的な傾向としては、浄土教の物語のリアリティは減少する方向にあったといえる。しかし、単純に減少したのではなかった。近代になっても、新たな形で物語がいくつも現れ、それによって信仰を獲る人も登場してきた。この事態を理解する格好の事例となるのが近角常観の回心物語である。

近角常観（一八七〇―一九四一）は、真宗大谷派の僧である。現在の滋賀県長浜《ながはま》市湖北町《こほくちょう》に、真宗大谷派の寺院の長男として生まれた。真宗の僧侶となることを期待されて誕生した近角は、伝統的な真宗の教えや経典の読み方を幼い時より徹底的に教え込まれた。京都府尋常中学校で学んだ後、清澤満之《きよざわまんし》（一八六三―一九〇三）の推薦で東本願寺の留学生として上京し、帝国大学文科大学（現在の東京大学文学部）で西洋の学問の研鑽《けんさん》に励んだ。その大学在学中の一八九七年九月、深刻な煩悶《はんもん》の果てに長浜で決定的回心をした。そして次第にその自らの回心体験を仏教青年会の講演や雑誌での連載記事などで語るようになった。この体験談が多くの青年の心をつかんでいったのである。

大学を卒業した後、一九〇〇年から二年間、欧米に渡った。東本願寺の命により宗教状況の視察のために派遣されたのである。一九〇二年に帰国した近角は、東京の本郷森川町《ほんごうもりかわちょう》にあったもとの居住地に戻り、学生を寄宿させる求道《きゅうどう》学舎を創設し、真宗の布教活動に熱心に取り組んだ。近角の説教で世に知られるようになった書物が『歎異抄《たんにしょう》』である。森川町は、東京大学にごく近いという地の利もあり、多くの青年が近角の説教を聞きに集まってきた。求道学舎に入りきれないほど多くの人が集まるようになったため、一九一五年に、隣地に新たに洋風レンガ造りの説教所、求道会館を建立した。近角は一九三一年に脳溢血《のういっけつ》で倒れ、それ以後、病床生活が多くなり活動する機会が減ったものの、一九四一年に逝去するまでこの地で布教活動を行った。

近角の説教を聞いた人の名を少しだけあげる。哲学者では、三木清や谷川徹三《たにかわてつぞう》などは、近角に親近したことを生涯忘れなかった。私小説作家の嘉村礒多《かむらいそた》は、近角を師と仰ぎ、小説『業苦《ごうく》』や『崖《がけ》の下』で近角を描いている。精神分析家の古澤平作《こさわへいさく》（一八九七―一九六八）の治療理論は近角の影響下で形成された。また、近角の周りには多くの煩悶青年が集まってきた。たとえば、岩波書店創業者の岩波茂雄《いわなみしげお》も近角のところにいき、その勧めでトルストイを読み、その煩悶に一段落をつけることができたという。

近角常観の回心

近角は、自身の青年期の煩悶とその煩悶から救われた自らの体験談を語った。その物語は『懺悔録《ざんげろく》』という書物として刊行され、多くの読者をえた。『懺悔録』に記された近角の回心は次のようなものである。

学生時代、近角は仏教青年会活動を熱心に行っていた。おりしも京都で真宗大谷派の宗門改革運動が起こり、それに参加し学問を放棄する覚悟をもって奔走した。ところが、改革運動から東京に戻った後、身体のみならず、心がむやみに疲れてきた。それに加えて、人間関係がこじれ始めた。そのなかで、友人に不信をいだく自分自身に嫌気がさしてきて、恨めしく思えてきた。他者との葛藤が自己の内面に亀裂をもたらしたのである。仏様もありがたく思えず、以前、仏教で喜べたこともなんとも思わない。わずかに五官の楽しみは残り、酒を飲んでは一時の気を紛らわす。人殺しも平気でできるように思え、自分が死ぬこともなんともないと思い、自殺さえ考えた。大学の試験を受ける気力も起こらなかったが、これは友人に助けられてか

近角常観

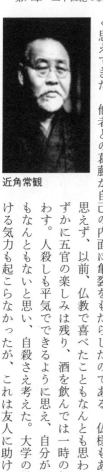

ろうじてすますことができた。だが、煩悶がやむことなく、友人が慰めてもこの状態は変わらなかった。

そこで故郷に戻った。しかし、両親が話しかけても、反抗的態度をとる。一八九七年八月は苦悶の頂上で小さな部屋の中を爪先《つまさき》立って、きりきりと舞う状態だった。心の不調とともに体調もおかしくなり、腰部に激痛が生じてきた。肉の下が膿《う》む「ルチュー」という難病である。滋賀県長浜病院で切開の手術を受け、二週間入院した。その間、一命も危ぶまれたがいったん退院した。その数日後の九月十七日、「自分は罪の塊である」と苦悶しつつ、病院に切り口を洗いに行った。その帰り道に空を見上げたとき、にわかに気が晴れてきた。煩悶が解消され救われたのである。そのときのことを近角はこう表現している。

> 病院から帰り途《みち》に、車上ながら虚空を望み見た時、俄に気が晴れて来た。これまでは心が豆粒の如《ごと》く小さくあつたのが、此時胸が大に開けて、白雲の間、青空の中に、吸ひ込まれる如く思はれた。何だか嬉しくてならんで家へ帰つたが、叔父が私の顔を見て、どうしたのか一時に顔が変つたと、大層喜んで呉《く》れた。それから私はつく〴〵と考へて、大に自分の心に解つて来た。永い間自分は真の朋友《ほうゆう》を求めて居《お》つたが、其理想的の朋友は仏陀であると云ふことが解つた。（近角、一九〇五。傍点は筆者）

人間関係の問題で煩悶した近角は、「我が真の朋友は仏陀である」ことをひしひしと感じいったのである。世の中の友人は、こちらが心を隔てれば、向こうも同じく心を隔てる。人の心は感応する。しかも、それが善い方向に感応すればよいが、凡夫にはそれが難しく、友人同士は悪しき方向に流れがちである。ところが、仏陀は違う。私の態度が悪ければ悪いほど、心を隔てれば隔てるほど、かえって胸を開いて迎えてくれる。かくして、十月に入ってからは、人に対して懺悔話をするようになり、仏の慈悲を喜ばせていただくことになったという。

以上が近角の語る回心の物語のおおよその内容である。

近角の回心物語の構造

近角の回心物語は、近代浄土教の代表的なものとして人口に膾炙していった。この回心物語成立には、近代における「実験」の物語、実体験の物語の特徴がよく表れている。その大きな特徴は、自らの実体験を浄土教の物語と重ねて捉え返している点である。

先の引用文中にある「俄に気が晴れて来た」という心的状態を、阿弥陀仏による救いだと近角は解釈した。自らの心的状態を浄土教の物語によって捉えたのである。この心的状態それだけを取り出せば、浄土教により救済されたかは、明確ではない。この出来事を書いた当時の近角のノートが残っている。ノートには、「九月十四日出院　九月十七日初メテ精神爽《そう》快《かい》トナルニ至レリ　十月十日上京　爾来《じらい》精神健全却《かえっ》テ病気前ニ数倍スルニ至レリ」とごく簡単にメモしている。このメモの内容からすると、心的状態を浄土教と無関係に解釈することも可能であろう。だが、近角はこの「精神爽快」を阿弥陀如仏による救済と捉えた。自身の実体験を伝統的な浄土教の物語にもとづき理解したのである。

近角はこの出来事だけを浄土教の伝統で理解したのではない。回心の過程での親子関係も浄土教の物語にしたがって理解した。近角は、回心をする前に、両親に反抗的態度をとった。それに対して、両親はそれに怒らず、かえって近角に同情して懸命に看病した。近角は、まず両親に悪態をついたときの様子を無量寿経の五悪段の論述に重ねている。五悪段には「父母、教誨《きょうけ》すれば、目をいからして怒りて応える」などと子どもの反抗的態度が書かれている。両親へ反抗する自身の姿を捉える仕方は、さまざまにありえるが、近角はそれを浄土教の経典の文言によって表現したのである。さらに、両親に迷惑をかけた自身を、王舎城の悲劇を引き起こした阿闍世に重ね、心配する父を頻婆娑羅王に母を韋提希夫人に見立て、こう述べている。

私が苦悶した時、父が心配して、「自分は老年であるゆゑ、代れるものなら代りて遣《や》りたい」と云はれたる言は、恰《あたか》も頻婆娑羅王が空中より阿闍世王に告げ導かれたる言の如く思はれます。又私が病熱に悶《もだ》え苦んでゐた時、母が心配して少しも眠らず、日夜看病して下さつたことは、韋提希夫人が冷薬を以て、阿闍世王の瘡《かさ》に塗られたと全く同様に感じます。……私の心中は、全く阿闍世王の煩悶と符節を合せたるが如く感じました。

（近角、一九〇五）

観無量寿経の王舎城の悲劇では、韋提希が主人公となっている。ところが、父王を殺したあとの阿闍世に焦点をあてる経典もある。大乗経典の大般涅槃《だいはつねはん》経《ぎょう》梵行品《ぼんぎょうぼん》には、阿闍世が父を殺したあと、その罪に悩み、最終的に前非を悔いて仏に救われる話が説かれている。この物語は、親殺しの悪人でも救われる話として有名であり、親鸞も重要視している。『教行信証』信巻は、大般涅槃経の阿闍世回心のくだりのかなり長い文言を引用している。

大般涅槃経梵行品の話は、阿闍世が後悔し、高熱を発し、体中に瘡《かさ》ができ苦しんでいるところから始まる。阿闍世は父を殺した自分は地獄に行くのに間違いないと苦しむ。母の韋提希は、阿闍世のためにいろいろと薬を整えて瘡に塗って介抱したが、痛みは増しこそすれ、減ることはなかった。阿闍世はこの瘡は身体の病ではなく、心の病であるので誰にも治せないと母にいう。そこで、阿闍世の家臣たちは釈尊の教えを乞うべきだと勧める。しかし、阿闍世は逡巡《しゅんじゅん》する。そのときに空中から死んだ父王の声が聞こえる。阿闍世を憐み、今すぐに釈尊のところに行けという声であった。その声を聞いた阿闍世は悶絶し地に倒れた。この阿闍世に向かって釈尊は救いの光を放った。その結果、瘡は癒えた。阿闍世は釈尊に帰依し信を獲る。父殺しの悪人も救済されたのである。

このような経典の物語に、近角は自身の煩悶のあり方をおきかえて理解した。そして、その煩悶からの解放も経典の物語にもとづき、阿弥陀仏による救済だと自覚したのである。近角は浄土教の伝統の中に自身の実験を位置づけたのだが、この位置づけには二つの面があった。一つはいま記した近角の自己理解という面である。長浜でなんらかの体験をしたことを浄土教の物語を用いて自己の物語にしたのである。もう一つは、布教という面である。自身の体験の意味を浄土教の中に求め、それを正当化することで他者に伝道したのである。『懺悔録』記載の回心物語は、一九〇四年夏、信州飯山《いいやま》付近での修養会の講演録をもとにしており、この時点で他者に伝道する回心物語は一つの完成を見ていた。そして、定型化された回心物語を、近角自身がその生涯を通じて繰り返し語り、多くの人々に回心のモデルとして伝えられていったのである。

実験を強調する物語は、近代以前の浄土教の物語とは異なる面がある。たしかに、法然や親鸞なども自ら「三昧」や「夢」など自分の体験に重要な意義を見出していた。この点は、実験の物語と同様である。しかし、法然や親鸞の場合には、体験は経典解釈の正しさやその教えの正当性を裏付けるものであった。その伝記を物語として弟子たちが語り伝えるにしても、それは法然や親鸞が釈尊の教えを正しく伝える、仏菩薩のような存在であることを示すことが主眼であった。それに対して、近角の場合には、その実験が宗教思想を示す真実性の核となり、それを物語化して人に語り、その実験が信徒たちの信仰のモデルになっていった。近角は、浄土教の教えは、自らの実体験において実践することに意義があると述べている。

> 実験と云へる真意義は、聖教若《もしく》は教義を理論的若は感情的に反覆することにあらずして、直接に自己が人生の上に宗教の信仰を味《あじわ》ひたることである。（『求道』第一巻第二号）

近角は、教義をたんに反復することの無意味さを説く。その教えを自らのものとし日々の生活のなかにいかしていくことが本当の意味での実験だというのである。現実には、近角の場合、伝統的な浄土真宗の教えが身についており、自身の実験の理解が伝統的な教えから逸脱することはなかった。ところが、実験の重視は教えからの乖離という可能性をはらんでいた。のちに日本の精神分析と浄土思想の関係において、この乖離の具体例を示すことになる。

回心のモデルとしての物語

近角の回心の物語は、煩悶を解決する実験のモデルとして、信徒たちに受け入れられていった。ただし、その場合でも基本的に近角の実験をまねるだけでなく、伝統的浄土教の教えをそこに重ね合わせていた。その事例を二つ紹介しておく。

私小説作家としてのちに知られるようになった嘉村礒多は、熱心な近角の信徒であった。近角を「恩師様」と呼び、近角が滋賀県で回心をした九月十七日を特別な日と定めて、近角の回心物語を想いおこす。そして、近角が刊行した雑誌『求道』の一文「明了堅固究竟《みょうりょうけんごくきょう》願《がん》」を読み、その内容を自分自身の身に引き寄せている。

……本日は九月十七日にて二十七年前の今月今日、恩師様の御身の上に法身の光輪きはもなく照し給ひし事にてまし〳〵、私朝より、求道九巻三号「明了堅固究竟願」を拝読致しまして、後筆を執りました……御開山聖人の慚愧《ざんき》の御左訓の「テンニハツルコ、ロナシ、ヒトニハツルコ、ロナシトナリ」に接し、……恥を恥と感じざる、恩を恩とも思はざる、愚痴無智の私を、飽迄《あくまで》捨てぬとの御慈悲であつたかと、おそろしいやら有難いやら、念仏申すのみ……（一九二四年十月九日付近角常観宛書簡）

嘉村は、御開山上人の親鸞が「慚愧」の文字の左側に説明書きをした言葉を自分の身におきかえて、罪悪深重な自己に思いをはせる。そして、このような愚痴無智の自分を阿弥陀仏のお慈悲は救うのだと知らされて念仏を申すと書いているのである。

近角の回心物語を追体験した別の信徒、佐々木博の様子を紹介しよう。佐々木は、キリスト教に入信したものの、信仰に揺るぎが生じ煩悶し、結局、阿弥陀如来の救いにあずかった。その煩悶を近角の煩悶の物語と重ね合わせている。この場合もたんに体験をなぞるだけでなく、自身の救済を親鸞の文言によって根拠づけている点も嘉村と同様である。

……近角先生の懺悔録を拝見すると、先生の煩悶のとき、室内を爪立して、クルクル廻つたとありますが、私は四畳敷の中に、あちこち歩き廻つて、散らしてゐた本の上を、飛び廻り、木炭をとつては、手あたり次第書き散らす、たまらなくなると、寝込んで、存分泣く、全く狂人の沙汰でした……其の夜歎異鈔を拝読致しますと……始めて本当に、自分の浅ましい、罪業熾盛《しじょう》の凡夫であることが分ると同時に、此の私のために御苦労遊《あそば》した御仏のお慈悲が、初めて〳〵私の心に頂《いただ》かせて貰《もら》いました……弥陀の五劫思惟の願をよく〳〵案ずれば、ひとへに、親鸞一人が為めなりけり……（『求道』第六巻第六

号）

佐々木は、近角の『懺悔録』に記述された煩悶を想いおこす。そのうえで『歎異抄』を拝読し、罪業が燃え盛るような自分の浅ましさに思いいたるとともに、そのような自分を救うのが阿弥陀仏の本願であるという親鸞の言葉を実感したという。

近角の信徒たちは、仏菩薩の化身ではない近角の回心物語を模倣しつつ、真宗の信仰を自己自身において確認していったのであった。

明治期の「実験」の流行

「実験」は、近角だけが強調した言葉ではない。明治期の宗教界において、実験という言葉は広く流布していた。そもそも、「実験」という単語は、現在では自然科学での experiment の翻訳の意味で理解される。しかし、明治時代には「実験」は、「実際に経験する」という意味でしばしば用いられた。現在では「経験」あるいは「体験」と訳される experience が明治には「実験」とされ、そのため宗教的経験も「実験」と表現された。当時は experiment と experience の二つの意味がともに「実験」という訳語としてあまり区別されなかったのである。もっとも、二つの意味を区別する用法として、experiment の訳語として「試験」という語が用いられることもあった。しかし、二つの意味が重なるような仕方で用いられることが珍しくなかった。

今日のように experiment の訳語として「実験」が定着するのは明治四十年代以降とされる。とはいえ、experiment と experience の二つの意味が、「実験」という単語にしばしば重ね合わせられたのは、単語の定義がいまだ明確でなかったというだけではない。新たな真理の根拠を自らの体験に求め、そこで真理判定をすることが、西洋の実証的知見と合致すると考えられていたからである。

宗教的体験の意味で、さまざまな宗教者が「実験」という言葉を用いた。その代表的な人物を列挙しておこう。キリスト教では、海老名弾正《えびなだんじょう》（一八五六―一九三七）や内村鑑三《うちむらかんぞう》（一八六一―一九三〇）らはいずれも「実験」を重要視している。また、宗教思想家の綱島梁川《つなしまりょうせん》（一八七三―一九〇七）が著した論考「予が見神の実験」は大きな論議を呼んだ。仏教では、東京（帝国）大学の講師だった原坦山《はらたんざん》（一八一九―九二）の名をまずあげることができる。

浄土真宗では、清澤満之や佐々木月樵《ささきげっしょう》（一八七五―一九二六）の思想において「実験」は核心的用語であった。時代は下がるが、清澤の流れをひく、真宗の曽我量深《そがりょうじん》（一八七五―一九七一）や金子大栄《かねこだいえい》（一八八一―一九七六）は大正年間に刊行された著作でこの用語を用いている。著名な文学者宮沢賢治《みやざわけんじ》（一八九六―一九三三）も、宗教における体験の意味で「実験」を用いている。一九二六年頃に作成した「農民芸術概論綱要」の序論で、賢治は、科学と宗教と芸術の統合を「近代科学の実証と求道者たちの実験とわれらの直観の一致に於て論じたい」と表現している。

明治後半期に「実験」という単語が頻出したのには理由がある。いつの時代でも宗教的体験は、宗教の真理判定の重要な要素であった。とはいえ、伝統的社会では宗教的権威が真理判定に大きな役割を果たしており、宗教的体験そのもののもつ意義に一定の枠組みが課せられていた。浄土教についていえば、経典、とくに浄土三部経がいったん文字となり成立してからは、書かれていることは釈尊の言葉であるとして、仏教者は経典に真理基準をおいていた。三昧や夢など自らの体験が重要な意味をもっていても、経典の真実性を根拠づけるのではなく、経典についての自らの「解釈」が正しいことを根拠づけるものとなっていた。

しかし、明治以降、状況が変わってきた。西洋の近代的な文献学が導入され、大乗経典が歴史上の釈尊の言葉ではないことが次第に知られてきた。また、浄土教を支えてきた伝統的思考や権威、あるいは宗教的共同体の絆《きずな》が弱体化してきた。他方、啓蒙《けいもう》主義や経験主義という近代の諸思想に出会うなかで、宗教的体験のもつ意義が重要視されていった。明治以来、実証的学問を積極的に受け入れた知識人青年には、とくに宗教の真理性をその体験、自らの実際の経験において検証する傾向が顕著に現れてきたのである。

『歎異抄』流布の背景

『歎異抄』が世に知られるようになったのも、この時代傾向と無関係ではない。明治以前には『歎異抄』を読む人は限られていた。明治に入り、近角常観や清澤満之周辺の人たちが喧伝することで、多くの人に読まれるようになっていった。

親鸞はその主著『教行信証』では、多くの経典を引用し、親鸞の理解した浄土思想の正当性を示そうとした。ところが、『歎異抄』はそうではない。親鸞が語ったとされる生々しい言葉が書かれている。親鸞自身の信仰の受けとめ方、領解が率直に述べられているのである。『歎異抄』のあとがきにあたる「後序」に、印象的な言葉がある。親鸞はいつも「弥陀五劫思惟の願をよくよく案ずれば、ひとへに親鸞一人《いちにん》がためなりけり」と言っていたという。阿弥陀仏があらゆる衆生を救うために永いあいだ思惟し本願を建てたと無量寿経には説かれている。もちろん、そのような経典の客観的解釈を承知のうえで、その本願は自分一人を救うためのものであったと、親鸞は自己の身上において教説の真実性を繰り返し味わい、それを語ったというのである。『歎異抄』には、体験という表現はないものの、真理基準を伝統的な教義体系ではなく、自己の側に求める方向性が存している。

経典の真実性の根拠を伝統的な教義体系に求めない、親鸞の思想の頂点ともいえる言葉が伝えられている。『歎異抄』の第二条に残された言葉である。この第二条の言葉は、浄土に往生する方法を確認し問いただすために、北関東から京都まで命がけでやってきた弟子たちに向かって発せられた。この背景にあったのは善鸞事件だと推定される。関東に派遣された善鸞の教えによって、弟子たちは信仰に動揺をきたしたのであろう。弟子たちは、親鸞が「釈尊の教え」である経典上の文章をもとに浄土思想を改めて説明することを期待していた。ところが、親鸞は阿弥陀仏の本願の真実に立脚し、そこから論を進める。親鸞は、衆生を救うという阿弥陀仏の本願が親鸞自身において実現し、その真実性が証されたから正しいのだとこう述べている。

弥陀の本願まことにおはしまさば、釈尊の説教虚言《きょごん》なるべからず。仏説まことにおはしまさば、善導の御釈虚言したまふべからず。善導の御釈まことならば、法然の仰せそらごとならんや。法然の仰せまことならば、親鸞が申すむね、またもつてむなしかるべからず候ふか。詮ずるところ、愚身の信心におきてはかくのごとし。このうへは、念仏をとりて信じたてまつらんとも、またすてんとも　面々の御はからひなりと云々《うんぬん》。（『浄土真宗聖典（第二版）』八三三）

冒頭の文で、親鸞は、弥陀の本願が真実であるとすれば、釈尊の説教がまことだと述べている。そこから、論拠も示さずに、善導の解釈は真実であり、法然の教えは嘘《うそ》ではなく、親鸞が言うことも空言ではないと続ける。そして、私の信心はこの通りであると言い切る。最終的に、経典の引用も解釈もなしに、念仏をとるかとらないかは、各人にまかせると突き放すのである。

親鸞は、一人の人間が単独者として本願の真実性に、向き合うか否かを弟子たちに迫っている。ここでは、仏教の二つの意味のうちの、「釈尊の教え」よりも「仏になる教え」を根本においているだけではなく、「釈尊の教え」にもとづく詳細な教義解釈を不要であるかのように省略している。弟子たちはもうすでに浄土教について、かなりの知見を有していたであろう。そのような弟子に向かって、経典の解釈にこだわらず、ひとりひとりが本願にどう向き合うかという決断を促しているのである。

もっとも、個々の人が浄土教の教義の導きなしに、直接に真実に向き合うことには危うさが伴う。自分勝手に真実を捉え、思い込みや印象で真偽判断すれば、正統的な教義とは食い違うことがあるからである。このような危険性を本願寺第八世の蓮如《れんにょ》（一四一五―九九）は感じ取っていたのであろう。『歎異抄』を書写した蓮如は、その奥書で注意を喚起している。『歎異抄』は大切な聖典であるものの、「仏の教えを聞く条件が熟していない者には安易に見せてはならない」とわざわざ書き残している。

伝統的な教団にとっては、宗派の教義から逸脱することは危険ではあっても、東京に集まってきた知識人青年にとっては、魅力にもなったであろう。近角の説教は『歎異抄』の言葉を紹介しながら、ひとりひとりの選択や決断を重視したものであった。青年たちにとっては伝統的教団の教義はさほど重要ではない。仏の前での単独者としての信仰を問うた近角の説教は、多くの青年の心に響いたのである。

仏教に「釈尊の教え」と「成仏の教え」の二つの意味があるにしても、浄土三部経が成立してからは、浄土三部経は「釈尊の教え」であり、そこに「成仏の教え」が説かれていることが前提となっていた。しかしながら、近代以降、「釈尊の教え」にかんする実証的学問の知識が増え、浄土三部経が釈尊の教えであると無条件で容認できなくなってきた。そのため「成仏の教え」にかかる比重が相対的に強くなり、現在にいたっている。

日本で浄土教という名で呼ばれるものは、「釈尊の教え」である浄土三部経が説く物語の枠組みを有する。近角の実験の物語は、実験に重きをおくにしても、経典の解釈も親鸞にしたがっており、浄土教の物語の一つである。また、その信徒たちの信仰も基本的に伝統的な教義に反するものではなかった。ところが、自らの主体的経験を強調する近角の物語は、浄土教の物語の枠組みを超えた、新しいタイプの物語を生み出していった。浄土教の現在と未来について考える材料として、新たな領域――精神分析・日本人論・漫画『ブッダ』――で生じた物語について次に論じることにしたい。

2　阿闍世コンプレックスと『ブッダ』

近角常観の説いた浄土教の物語は、意外な形で日本の精神世界に浸透していった。それは精神分析の理論への影響である。そして、さらにそこから生まれた日本人論にまで及んでいった。この影響関係は、近角に師事した精神分析医古澤平作を介して、古澤に指導を受けた小此木啓吾《おこのぎけいご》(一九三〇―二〇〇三)や土居健郎《どいたけお》(一九二〇―二〇〇九)の甘え理論にみてとることができる。

古澤平作の阿闍世コンプレックス

日本の精神分析の理論に阿闍世コンプレックスという理論がある。提唱したのは、日本精神分析学会初代会長の古澤平作である。この理論は、精神分析学を創唱したフロイトのエディプス・コンプレックスに対抗して出された。

フロイトは、父‐母‐子の三者関係のなかで、子がもつ複合感情をエディプス・コンプレックスとして表現した。子が父に対して尊敬の気持ちをもつとともに、母を独り占めできないため嫉妬《しっと》の感情をもち、父に敵意をいだくことに、フロイトは着目した。幼児期に認められるエディプス・コンプレックスをフロイトは治療の概念として用いるだけでなく、これによって宗教の発生を解明しようとした。宗教の原型を父への子どもの複合感情から説明しただけでなく、それとともに、宗教を否定した。ユダヤ・キリスト教に代表される宗教は幻想であり、人類はそれを乗り越えるべきだというのがフロイトの主張である。

これに対して宗教を擁護しようとする古澤は、母‐子の葛藤に注目した。そして、阿闍世コンプレックスにかんするドイツ語論文をウィーンでフロイトに提出した。熱心な浄土教徒である古澤は、ユダヤ・キリスト教と違うタイプの宗教である浄土教が存在し、それにもとづく物語によって、本当の意味で精神分析学の目的が達成されると考えた。阿闍世とその母韋提希の葛藤に着目した古澤は、「母親拘束から解放され、社会に適応し、他人を愛することのできるパーソナリティに到達」することを精神分析の目的としたのである。

古澤の論はフロイトには理解されなかったものの、帰国したのち、古澤は自身の論にもとづき日本で精神分析の実践をしていった。古澤のところを訪れた著名人も少なくないが、その最晩年の患者には瀬戸内寂聴《せとうちじゃくちょう》がいた。

古澤が用いた物語には、二つの種類がある。いささかの相違はあるものの、いずれも主人公は阿闍世であり、王舎城の悲劇をもとにした話ということは共通している。おおよその筋はこうである。

阿闍世の母、韋提希は子どもが欲しいために、夫とともに阿闍世の前世の姿である仙人を殺害する。成人してそのことを知った阿闍世は、父王を幽閉し、父王を陰で支える母韋提希まで殺そうとする。しかし、大臣に諫められ殺害することはかろうじてやめる。ところが、母と激しく対立した阿闍世は、流中《るちゅう》という病気になって不安発作を起こす。結局、阿闍世のかたくなな心が仏陀の慈悲心によってとろかされて救済されるという話である。

古澤の物語がどの経典に依拠しているかについては、これまでかなり議論されてきた。ただ今では、その制作の経緯もほぼ解明されている。この物語は、古澤の宗教上の師である近角常観の『懺悔録』に記載された阿闍世説話を根幹にして、それに古澤の治療体験などを加えてつくったものであった（岩田、二〇一四、二〇一八）。

この物語をもとにして、古澤が精神分析の治療のために作り上げていったのが阿闍世コンプレックス論である。古澤は、子である阿闍世を神経症患者のモデルとした。母を愛しているが、それがためにかえって殺そうという欲望が阿闍世にはあったとみなし、母への複合感情を阿闍世コンプレックスと名づけた。母親を自分一人で独占したいという欲求が社会生活のなかで満たされないことで神経症になった患者を阿闍世と表現したのである。
阿闍世をモデルに患者を治療するときに、古澤はその後、精神分析医から批判される技法を用いた。それは「とろかし技法」と呼ばれている。精神分析の正統的な技法では、患者が自由に話す内容に、治療者は受動性をたもって耳を傾けることが基本である。患者は、自由に語ることで、次第に無意識的な部分も含めて自分自身を心の底から理解し、とらわれから自由になり、生き生きとした心のゆとりが回復される。

ところが、治療者である古澤は、精神分析の治療の過程において、物語における仏陀の位置に自らをおいた。仏陀が阿闍世の心をとろかして正しい信仰に目覚めさせるように、古澤は患者に能動的に働きかけ、その心をとろかして生まれ変わるように治療したのである。古澤自身は熱心な浄土教の信者であり、その教えを自ら実験し、それを治療にいかした。しかし、その治療において救済者の役割を演じた。ここには、伝統的な教えとの相違が認められる。

のちに日本精神分析学の中心的存在となった小此木啓吾や土居健郎は、ともに古澤に師事し、精神分析の手法を学んだ。しかしいずれも、古澤の手法を批判するようになる。たとえば土居は、古澤を突き動かしていたのは究極的には「宗教心」であり「救済者としての意識」が強烈であり、患者を飲み込んでいったと批判するのである。

世俗的な母子和解の物語

古澤の弟子たちは、古澤の精神分析の手法に、宗教性が含まれていることを問題視した。その後、弟子たちは、宗教性を脱色しつつ、古澤の精神分析を継承し発展させていった。阿闍世説話の内容を換骨奪胎し、救済者を排除した世俗的な物語としたのである。古澤の後継者とみなされる小此木啓吾は、阿闍世コンプレックス論を世俗的な母子関係論として捉えなおし世に紹介した。

小此木は、『観無量寿経疏』で善導が紹介している王舎城の悲劇をもたらした母韋提希の心境に注目する。夫頻婆娑羅王は、子どもが欲しいために三年待つことができず仙人を殺した。子どもが欲しかったのは韋提希も同じである。その仙人の生まれ変わりが阿闍世である。ところが、阿闍世が頻婆娑羅王を殺すというお告げを受けたため、生まれたばかりの阿闍世を殺そうとした。

小此木は、ここに母親として、「子どもを欲しいという願望」と「子どもを堕《おろ》したり捨てたりしたい衝動」をみてとる。偶然にも命が助かった阿闍世は、成人して自身の誕生の経緯を知り激怒し母を殺そうとする。この阿闍世に小此木は、「理想化された母親への幻滅」があったとする。

ところが、父を殺し、母を殺そうとした阿闍世は罪悪感にとらわれ、難病にかかり悪臭ただよう状態におちいる。そのときに誰も寄りつかなかった阿闍世のところにいき母は看病する。母韋提希は、自分を殺そうとした息子阿闍世を許しているのである。やがて阿闍世もまた母の苦悩を察して母を許す。小此木は愛と憎しみの王舎城の悲劇を母と子が互いの一体感を回復する話として読み解いたのである。

小此木啓吾が解釈して提示した阿闍世説話は『日本人の阿闍世コンプレックス』として一九八二年に刊行され、多くの人に知られるようになった。しかし、この話は伝統的な浄土教とは位相を異にし、そこから乖離することになった。伝統的な浄土教では、阿闍世を救済するのは絶対者である仏である。韋提希や阿闍世はさまざまに解釈されてきたものの、いずれにしろ仏の救済の意義を説くことに話の主眼はあった。古澤の阿闍世コンプレックス論では、表面上は仏の存在が見えにくくなっているものの、その治療実践において古澤が仏に代わるような位置を占めていた。ところが、小此木の論では宗教的超越の契機が消え、母子の葛藤と和解にかんするドラマとなったのである。

同様なことは、土居健郎の「甘え」理論にもいえる。土居が一九七一年に刊行した『「甘え」の構造』は日本人の精神構造を解き明かした書物である。「甘える」ことが他者に好かれて依存する態度を意味するように、「甘え」とは他者に依存する感情である。とくに子が親に対していだく感情に「甘え」の典型を土居はみる。日本人論の古典となった土居の甘え理論は古澤の治療実践の中に存在していた仏教的契機を削除し、人間関係論として再構築したものだった。

土居は、「甘え」理論は古澤との深刻な葛藤を経なければ生まれなかっただろうと回顧している（土居、一九八〇）。土居と古澤との間に「甘え」という言葉をめぐって対立があったという。土居が「甘え」という言葉を分析において使用したとき、土居を指導していた古澤は、「甘え」には否定的な語感があるので用いない方がいいと勧告した。土居と古澤は、患者の治療において類似の欲求に注目したが、古澤は土居の治療方法を批判した。この対立の直接的要因は、「甘え」のもつ語感の理解であったが、その背景にあったのは、宗教の超越的契機の介入の有無である。土居自身はカトリックの信仰を有していたものの、その信仰を治療現場にもちこむことを抑制し、患者の中に存在する力を引き出そうとしたのである。

近角から古澤を経て、小此木や土居へといたる流れは、現代の精神的潮流の一つと対応している。それは伝統的な宗教から心理療法へという潮流である。「救い」から「癒し」へという潮流といってもよい。精神分析など心理療法は、神や仏を想定せずに、人間自身の力の可能性に賭《か》け、かつて伝統宗教が担ってきた役割を代わって果たすようになってきた。小此木や土居が宗教と共存していた古澤の精神分析の手法を批判したのは、この潮流の典型的事例である。そして、小此木や土居が宗教性を脱色して著した親子関係論が多くの人に読まれていったのである。

とはいえ、心理療法が宗教のすべての代わりをなすわけではない。伝統的宗教に救済を求める人も相変わらず存在している。以下において私が注目するのは、宗教から心理療法へという時代傾向がありながらも、新たな形で宗教的超越性が含意されている物語が登場してきたことである。その一つが手塚治虫『ブッダ』である。

手塚治虫『ブッダ』

日本の代表的漫画家、手塚治虫(一九二八―八九)は、その人生の中盤をすぎてから漫画『ブッダ』を著した。釈迦の伝記を描いたこの作品は、いまなお多くの読者をえている。もともと一九七二年から八三年まで少年漫画雑誌に連載されたこの漫画は、順次、潮出版社から単行本として刊行され、計一四巻で完結したのちも、日本でいくつも違った判型で発行されただけでなく、英語版、ドイツ語版、フランス語版も出版された。漫画をもとにした三部からなるアニメ映画化も計画され、すでに第二部まで上映されている。手塚後半生の代表作の一つといってよい。

この作品は、ほとんどがフィクションであり、正確な経典の漫画ではないと手塚自身が説明している。敬虔《けいけん》な仏教徒ではない手塚がここで描きたかったのは、釈迦をめぐる人間ドラマである。釈迦の教えそのものではなく、人間そのものを掘り下げて、釈迦の生きざまを手塚なりの主観をいれて描くと述べている（潮出版社編『手塚治虫の『ブッダ』読本』）。事実、『ブッダ』には経典にはない架空のキャラクターが登場したり、経典の話がかなり思い切って脚色されたりしている。しかし、そのような創作作品であるだけに、時代の傾向を受けとめつつ、現代人が暗黙のうちに求めているものを、手塚はその天才的感覚でもって描こうとした作品となっている。

阿闍世にかかわる王舎城の悲劇は、『ブッダ』の主要な筋の一つとなっている。相当脚色されてはいるものの、阿闍世と親との葛藤が主題となっている点は伝統的仏教の枠組みを継承している。すなわち、阿闍世は父王を殺すという予言のもとで誕生する。成人した阿闍世は、父王を幽閉し、それを助けようとする母韋提希を閉じ込める。その後、幽閉された父王は死にいたる。だがまた阿闍世も難病に陥る。結局、ブッダにより阿闍世は救済されるという筋書きである。この阿闍世を救済するブッダの描写が全一四巻の漫画全体のクライマックスとなっている。

注目すべきは、ブッダによる阿闍世の救済のされ方である。経典でも、また近角常観の『懺悔録』でも、阿闍世はブッダが放つ大光明によってたちまち難病が治る。ところが、漫

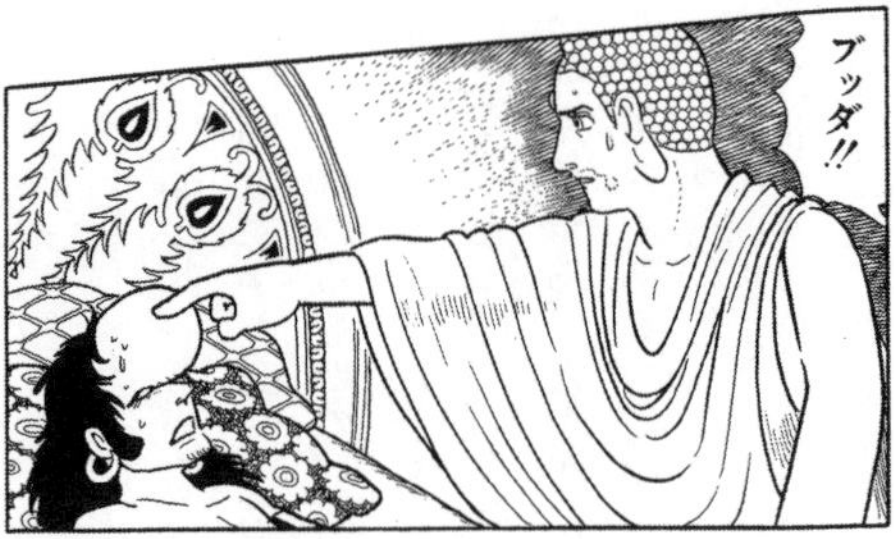

手塚治虫『ブッダ』　©手塚プロダクション

画『ブッダ』ではブッダが毎日、一二時間も阿闍世の頭に指をあて続ける。それを三年間続けて、阿闍世の病が治るのである。

漫画の中のブッダの言葉によれば、阿闍世に欠けているのは、「人間の温かい心」であり、必要なのは、心のやすらぎである。ブッダはそれを与えるために手を阿闍世の額にあてる。神通力で治癒しているのかと問われたブッダは、そうではなく、自分は「人の心をなおしたい医者」であると答えている。これは医者である古澤平作の治療を彷彿とさせる言葉である。実際のところ、精神科医で作家でもある、なだいなだは、ここには古澤のいう「阿闍世コンプレックス」が的確に表現されていると述べている（『手塚治虫の『ブッダ』読本』一一二）。手塚が阿闍世コンプレックスの概念を知っていたかどうかは定かではない。しかし、親子関係の葛藤のなかで心を病んだ阿闍世がブッダに心をとろかされて健康になるというのは、たしかに古澤平作の治療方法そのものである。

『ブッダ』には浄土や阿弥陀仏は登場しない。また南無阿弥陀仏という言葉もなく、そもそも浄土教には相応しくない単語も出てくる。このことは、人間ドラマを描こうという手塚の執筆スタイルからして不思議ではない。手塚の『ブッダ』は王舎城の悲劇の題材にしていても、阿弥陀仏の本願による救いを説いていない以上、伝統的な意味では、浄土教の物語とはいえない。しかし、人間的なブッダの慈悲心が阿闍世の苦悩を救うという構図は、法蔵菩薩が衆生を救うために精進することと相似する形となっている。阿闍世という一人の人間が他者であるブッダによる慈悲心によって救済される点は、阿弥陀仏による救いと重ねることができる。

三年の間たゆまず救済の治療を実践するブッダは、人間的に描かれてはいても仏のさとりをえる存在である。回心し病気が癒えた阿闍世を見て、手塚のブッダは叫ぶ。「人間の心の中にこそ神がいる、神が宿っているんだ!!」。当然ながら、人間の心の中に神がいるとは仏教ではいわない。しかし、ブッダの言葉に対応する表現はある。證空ならば、「かたちのない仏性」が心中に遍満しているというであろう。さとりを開いたブッダは、人間の死は、「無限に新しい世界」に行くことだと説く。人間でいられる時間は永久の生命の流れのなかのごくわずかな時間であり、死ぬということは人間の肉体という殻から生命がとび出していくのだという。ここには浄土という表現はないものの、浄土に代わるものが提示されている。

たしかに、『ブッダ』には人間関係の再構築という心理療法的発想と親和的な描写がある。伝統的な教義体系の影響力が弱まり、個々人の体験を重視するという時代の傾向を手塚は感じ取り、それを物語の主調としたのであろう。ところが、結局、世俗的な人間性を超える宗教的超越性をクライマックスで示している。人間の苦悩は、世俗的な世界のなかで解決をみることが多いし、また現代ではそのようなことだけで解決を考えがちである。これは現代の物語の特徴ともいえる。しかしながら、そのような仕方では解決できない人間存在の問題がある。通常の人間の働きを超えた存在とその手立て、さらにこの世界を超えた新たな世界の必要性を結論として説く。手塚は、現代人にも受け入れられるような仕方で宗教的超越性を要請する新たな物語を構築した。手塚の物語は浄土教を受け入れる精神的土台を描いており、現代の物語が浄土教の物語と接続する可能性を有している。二つの物語が接続する可能性を最後に考察することにする。

終　章　物語は現代に続く

物語は人間存在の根幹に働く。宗教に限らず、小説・映画・漫画・劇・ゲームなどさまざまなジャンルの物語が流布している。人々はそれらの物語に心を動かされたり、自らの人生に引き寄せて受け入れたりする。また自らの体験を言葉にして物語ることで、人生を歩みなおすこともある。現代では物語ることで苦しみを癒すという支援・治療方法も実践されている。このような癒しの技法が広がりをみせている状況は、現代日本人の精神性の一つの特徴を示している。癒しの技法に着目し、それと対比させながら、浄土教の物語の現代から未来について考察することにしよう。

小さな物語と大きな物語

阿闍世コンプレックス論に関連して述べたように、精神分析の技法は、治療者は中立性をたもち、患者の言葉を傾聴し、それを受容することを基本とする。分析によって心の病が改善されるのは、患者自身のもつ治癒力によるのであり、治療者はその手助けをするにすぎない。このような手法は、精神分析を含む心理療法や、看護・保健などさまざまなケアの領域でいかされている。そして、そのような領域では、患者やケアの対象者自身が物語ることに重要性がおかれることが多い。どの領域においても、治療者や援助者の側が相手を変えようとする働きはまず留保される。精神分析と同様に、さまざまな価値判断を宙づりにしたままで、相手の語る固有の世界に入ることが治療や支援の基本である。

物語を用いる支援・治療方法はさまざまな形があるが、いずれにしても語り手の固有な世界が物語によって開示される。浄土教の物語を「大きな物語」とすれば、これらは「小さな物語」といってよかろう。小さな物語の語り手にとっては、浄土教の大きな物語は縁遠いことが多い。大きな物語は自身の固有の問題とは距離があると感じられ、自己の問題が軽視され、それが飲み込まれ、抹消されるような感を覚える人も少なからずいよう。他方、それに対して、浄土教の物語は、長い年月を経て伝えられてきたものであり、その物語によって一つの精神的共同体に入ると感じる人もいる。

心理療法などで小さな物語をつむいでいくことの目的は、日常世界への適合を目指すことにある。人間関係の悩みであれ、自己を取り巻く環境との不適合であれ、そのような現状における悩みから脱却し、充実した世界を取り戻すことが目標となる。小さな物語を聞くカウンセラーや精神科医は、語り手に対して受容的な態度をとる。それに対して、浄土教の大きな物語は、超越的な契機がそこに入り、最終的に浄土に往生し、仏になることが目指される。浄土教の僧は、絶対者である阿弥陀仏からの慈悲と智慧の働きを説くのである。

このように小さな物語と大きな物語には性質の違いがある。しかし、その二つが両立し、ある場合には、小さな物語が大きな物語と接続することもある。そのようなことを暗示する事例が認められる。東日本大震災で被災した人の心のケアを支援した宗教者の活動である。この事例を検討し、二つの物語の関係をさらに詳しく見てみよう。

東日本大震災後の傾聴活動

東日本大震災後に、宗教者がさまざまな支援活動を行ったことが報道されてきた。そこでは生活必需品などの物資の援助や瓦礫《がれき》の撤去などの物質的・身体的支援もあった。また読経や祭りの再興など宗教的儀礼による支援もあった。さらに被災者の話を傾聴する心理的な支援もあった。ここで注目するのは最後の傾聴活動である。

積極的に被災者を支援した宗教者には次のような特徴があった。まず、自らが所属する宗教・宗派の教えにもとづく布教を行わないよう自粛することである。支援した宗教者は、仏教・キリスト教・神社神道・新宗教などさまざまな宗教団体に所属していた。仏教でも、曹《そう》洞《とう》宗・臨済《りんざい》宗・天台宗・真言宗、それに浄土教に属する浄土宗・浄土真宗などであったが、布教を抑制することを前提として傾聴活動を行った。このこと自体は、小さな物語に依拠する支援方法と同様な活動である。ただし、被災者は、傾聴する人が宗教者であることは当然、承知している。そのため、被災者が宗教者に、供養のお経を詠むなどの宗教行為を依頼することもあった。この場合には、宗教行為を行うことになる。経典を読誦してそれで終わることもあるが、それにとどまらず小さな物語が大きな物語と結びつく事例があった。

東日本大震災後の被災地で、被災者がさまざまな不思議な現象をみたとか、あるいは霊的体験をしたという話が報道されるようになった。これらの話を広く知らしめたのはNHKスペシャル『〝亡き人〟との再会』（二〇一三年八月二十三日放映）である。この番組では被災者が不思議な形で故人と「再会」したいくつもの体験談が放映された。ドキュメンタリーの手法で美しいイメージ映像を織り込みながら、体験談が紹介されたのである。

亡くなった母の幻影に会ったという話、呼びかけに応じて亡き子の玩具《がんぐ》が自然に動き出したという体験談、亡き子どもたちが元気に成長を続けているかのような夢の話、などである。放送後、ネット掲示板ではNHKがオカルトを放送したという批判も見られたものの、全体としては好意的に受けとめられた。突然の不幸にあい、悲しみに沈んだ遺族が故人の面影を体験したことを物語り、この物語を支えにして前向きに生きていく姿が共感を呼んだのである。

このような霊的体験の多くの事例を紹介し、宗教者とのかかわりを中心に分析した宗教学者の堀江《ほりえ》宗正《のりちか》・高橋原《たかはしはら》共著の『死者の力』には示唆的な論述がある。堀江と高橋は、被災地での霊的体験を聞いた宗教者への聞き取り調査をした。聞き取り調査をした宗教者の中に浄土教の僧侶もいた。その中の一つの話を紹介しよう。

同じ地区に住んでいた人の中で、一人の男性だけが体がわるいために逃げ出せず、津波にのまれた。すると、生き残った同じ地区の複数の人の夢にその死んだ男性が現れるようになった。そのため、その地区に住んでいた人たちが僧侶に読経を依頼した。津波があった地区に集まり、僧侶たちはお経をあげ念仏を称えた。地区の人たちも線香をたて一緒に手を合わせた。するとそれからはその男性は夢枕に立たなくなったという。

この話を聞き取った堀江は、死んだ男性が夢に出てこなくなったことについて、住民たちの思いを分析している。住民たちの多くは、死者を供養し成仏したとシンプルに捉えていると堀江は推測している。住民の理解は、浄土教の物語に依拠する僧侶たちの思いとは食い違う面がある。しかし、住民と僧侶の思いは対立するものではない。かれら各々が思い描く物語はともに念仏を称える点では重なっている。

もう一つ別の例を検討してみよう。一人の女性が津波で亡くなった妹に見られていると僧侶に訴えた。この女性は、一面、見られているという感覚をもつことで妹とつながっていて嬉しいような安心感をもっていた。しかし、他面、妹が迷っているのではないかと悩んでいる。そこで、このことを伝統的な浄土教団に属する僧侶に尋ねた。これに対して僧侶は「妹さんは浄土に往生し成仏している。成仏しているか否かを忖度《そんたく》し迷うのは、生きている人間の都合にすぎない」と応えた。するとその後、この女性は妹に見られていることを述べなくなったという。

女性の内面を知ることができないので、この事態もさまざまな解釈の可能性がある。まず、妹が見ているという霊的体験が浄土教の物語に包摂された可能性が考えられる。この場合には、僧侶の教えによる説教で悩みが解消したといえよう。ところが、この話を紹介し分析している堀江はそうではないと考える。たまたまこのときに、被災者の自己治癒力による癒しが生起し、見られているという感覚に思い悩む必要がなくなったのではないかと推察している。このいずれが起こったのかを断定することは難しい。いずれにしても、ここで女性の発する小さな物語と浄土教の物語とが対立せずに出会ったのである。

以上の二つの話は、布教を抑制して傾聴活動を行っていた僧侶が、被災者の求めに応じ僧侶として活動した例である。一般的な傾聴活動を超えた浄土教の僧侶の言動によって被災者は癒された。このときに、被災者のなかで起こった出来事がどのようなものであったかは正確にはわからない。しかし、少なくとも小さな物語と大きな物語が必ずしも対立するのではなく、小さな物語を語る人が大きな物語との接続を求めることがあるとはいえる。

ダイナミックな物語論に向かって

一般的にいって物語とは、さまざまな出来事を、発端と結末をもった筋立てにそってまとめたものだといえる。人間に物語が必要なのは、私たちが生きているなかで起きるさまざまな出来事に意味付けを求めるからである。自分自身の生に、なんらかの意味を見出さずに生きることは難しい。物語が生きる支えになるのである。ところが、物語には逆の面もある。物語にとらわれ苦しめられることもあるのだ。たとえば、人生のなかで思わぬ事件や不幸な出来事が起こったとき、それまで描いていた人生の物語との違いによって悩むことがある。そのようなときには、自身の物語を構築しなおし、新たな物語にもとづいて生きていくことを試みる。自分一人で物語の再構築ができずに精神の不調をきたすときには、精神科医やカウンセラーの手助けを受けることもある。精神科医らは、患者の話を聞くものの、かれらが物語を再構築するわけではない。心理療法の技法では、患者自身の力によって新たな物語が構築されるからである。しかし、先の東日本大震災での被災者の物語の再構築は、小さな物語と浄土教の物語とが接続したなかで生じたものであった。心理療法の枠を超えた仕方での小さな物語が再構築されたのである。

　大きな物語である浄土教の物語自体も、再構築されることがある。浄土教の物語は、ひとりひとりの救済をもたらすだけでなく、同じ物語に依拠する人たちとの絆をもたらす。その絆とともに教義や組織が構築されていく。この教義や組織は、浄土教の物語をもとにして形成され、有縁の人にその働きを伝えるのが本来の姿である。しかし、教義や組織は固定化されることで、しばしば閉じた排他的なものになる。物語の働きを伝えるよりも、人々を教義や組織にしばり、苦しめることもある。しかし、浄土教の物語のそもそもの根源は、そのような閉鎖性を超えたところにある。

　親鸞や證空の論は、物語を生み出す根源の存在を認めていた。親鸞は、法蔵説話を生み出す根底に「真如」を想定し、證空はかたちのない「仏性」の存在を前提にしていた。抽象的な真如や仏性では凡夫は救われない。そのため、そこから具体的な救済物語が発生し、かたちのある仏が現れたのだと二人は説いていた。このことは、物語発生の根拠を示すとともに、別の物語の発生の可能性も暗黙のうちに認めていることになる。

　さまざまな物語の発生の可能性がありえる。経典上の法蔵説話の解釈が変容することもありえる。また別の種類の物語が生まれることもある。念仏ではない修行体系が真如や仏性から生じることもありえよう。日本の浄土教の主流は、法然以降、仏になるのは南無阿弥陀仏によるとしてきた。そして、親鸞や證空も、浄土教の伝統の中でその思想を形成し、またその思想はかれらを祖と仰ぐ浄土教団のなかで固定的に捉えられてきた。しかし、かれらの思想はダイナミックな思索の可能性をうちに有している。物語が再構築され、また物語が創造的に解釈され、新たな物語が発生することは否定されないからである。

現在から未来に向かって浄土教がどのようになるのか、安易に述べることはできない。だが、少なくとも、その伝統にはまだくみつくされていない思想の可能性があるように思われる。浄土教の物語はそのような未来にも開かれている。

あとがき

「どう生きたらいいのか」。死すべき運命にある人間存在に、どのような意味があるのかと自問自答していた、二十歳の秋の私の心境だった。

文学部二回生の私にとって、さしあたりの課題は、進級に伴う所属研究室の選択だった。そんなおり、京大の時計台地下にあった生協書籍売場で、目にとびこんできて購入したのが武内義範先生の『親鸞と現代』（中公新書）である。知らない哲学者や神学者による多くの論が縦横無尽にひかれていた。およそ十分に理解できたとはいえないものの、なんともいえない深い世界が開示されており、そこに生を支える力を感じた。その頃、文学部に非常勤講師として出講中の龍谷大学の石田慶和先生のご自宅に、たまたまお邪魔する機会をえた。先生は宗教を幅広い視点から理解する必要性を懇切丁寧に説かれ、あわせて、宗教学研究室で研究することを勧められた。

四〇年以上前の話である。本書を執筆しながら、このことが何度も思い出された。生意気ざかりの二十歳の自分が本書を読んだら、ながいあいだ研究をしてきて、この程度のものしか書けないのか、とそしるに違いない。しかし若き自分に伝えたい。世界は思っている以上に広く、人間の精神世界にはそれぞれの奥行きがある。本書は、浄土教という一個別宗教を主題にしてはいるものの、それを広い文脈で、より根源的な次元を見据えて捉えようとしているのだ、と。

本書作成の理論的根幹にあるのは、三回生から所属した宗教学研究室でながきにわたってご指導を受けてきた長谷正當先生の象徴論・イメージ論である。また卒論以来親しんできた哲学者ポール・リクールのテキスト論・物語論が重要な指針となっている。さらに、上田閑照先生の説かれた二重の世界論が本書の宗教理解のもとになっている。

宗教学研究室の学風、先輩・後輩と積み重ねた時間の堆積《たいせき》から育ってきたのだと、今さらながら気づく。本書で親鸞理解になんらかの厚みが与えられているなら、それはひとえに学部以来ご教示を受けてきた長谷先生、石田先生、大峯顕先生からの学恩に他ならない。このように時を過ごすことができたことを幸いと感謝する。

法然の思想について、安達俊英師から直接にご教示たまわったことは、まことにありがたいことであった。浄土宗を代表する学僧からお話をお聞きし、貴重なご論考に接したことが、自分の法然理解の土台となった。また、安達師のご紹介で齊藤隆信先生にお目にかかり、お話をお聞きすることで、善導像を明確にできた。

さらに當麻曼荼羅についての拙《つたな》い理解を、肯定的に受けとめてくださった上田良準師のお言葉を、ながいあいだ励みとしてきたと記しておきたい。本書の第六章後半以降の論述は、島薗進先生が提唱されている新霊性運動・文化の論に刺激を受け、浄土教との関係について論じるにいたった。通常の浄土教の概説書では論じられない観点であろうが、浄土教の現代性を考えるためには必要だと判断してのことだ。

本書出版への発端は、武蔵野大学の碧海寿広氏から中公新書の編集者を紹介していただいた時にさかのぼる。最初の担当の上林達也氏、引きつがれた吉田亮子氏のお二人からは、懇切丁寧な数々のご教示を受けてきたことを僥倖《ぎょうこう》と感じている。また同じ下宿にいた先輩の音石和男氏に草稿を読んでいただき貴重なご指摘をたまわることができた。二十歳のときの隣室の居住者であった音石氏からのコメントにより、改めて私自身の思索の現状を自覚することができた。いずれの方々にも心よりお礼申しあげたい。

大学人としてひと区切りのつく年に、本書を刊行することができた。こののちも、もう少し真実をみつめ、他者と自身とがともに幸福になる原理の探求を試みたい。

二〇二三年六月

岩田文昭

主要参考文献

基本文献

本書全体で参照している基本文献一覧。なお、ネット上で公開されているものも少なくない。

『浄土宗全書』(正続・全四十三巻)山喜房佛書林、一九七〇—七四年
石井教導編『昭和新修法然上人全集』平楽寺書店、一九九五年
浄土宗大辞典編纂委員会編集『新纂浄土宗大辞典』浄土宗、二〇一六年
森英純編『西山上人短篇鈔物集』西山短期大学、一九八〇年
『西山叢書』(全七巻)一九九〇—二〇二〇年
中西随功監修『證空辞典』東京堂出版、二〇一一年
『浄土真宗聖典　七祖篇——註釈版』本願寺出版社、一九九六年
『浄土真宗聖典——註釈版　第二版』本願寺出版社、二〇〇四年
浄土真宗教学研究所編纂『浄土三部経　現代語版』本願寺出版社、一九九六年
浄土真宗本願寺派総合研究所『浄土真宗辞典』本願寺出版社、二〇一三年
親鸞聖人全集刊行会編『定本親鸞聖人全集』(全九巻)法藏館、一九六九—七〇年
真宗史料集編集委員会編『真宗史料集成』(全十三巻)(電子版)、方丈堂、二〇一五年
井上光貞『新訂　日本浄土教成立史の研究』山川出版社、一九七五年
勝崎裕彦・林田康順編『浄土教の世界』大正大学出版会、二〇一一年
勧学寮編集『浄土三部経と七祖の教え』本願寺出版社、二〇〇九年
京都国立博物館編『法然　生涯と美術』ＮＨＫ、二〇一一年
梯信暁『浄土教思想史』法藏館、二〇一七年

藤田宏達『原始浄土思想の研究』岩波書店、一九七〇年

*

第一章
佐々木閑『インド仏教変移論』大蔵出版、二〇〇〇年
下田正弘『涅槃経の研究――大乗経典の研究方法試論』春秋社、一九九七年
下田正弘『仏教とエクリチュール』東京大学出版会、二〇二〇年
末木文美士・梶山雄一『浄土仏教の思想 二 観無量寿経・般舟三昧経』講談社、一九九二年
高崎直道監修『大乗仏教とは何か シリーズ大乗仏教1』春秋社、二〇一一年
高崎直道監修『大乗仏教の誕生 シリーズ大乗仏教2』春秋社、二〇一一年
平川彰『初期大乗仏教の研究Ⅰ』(平川彰著作集三) 春秋社、一九八九年、
平川彰『初期大乗仏教の研究Ⅱ』(平川彰著作集四) 春秋社、一九九〇年
藤田宏達『浄土三部経の研究』岩波書店、二〇〇七年
山口益『大乗としての浄土』大法輪閣、二〇〇七年

第二章
大西磨希子『西方浄土変の研究』中央公論美術出版、二〇〇七年
大西磨希子『唐代佛教美術史論攷』法藏館、二〇一七年
大原性實『善導教學の研究』明治書院、一九四三年
梯實圓『観無量寿経』本願寺出版社、二〇〇三年
河原由雄「敦煌浄土変相の成立と展開」『佛教美術』六八、一九六八年
齊藤隆信『中国浄土教儀礼の研究』法藏館、二〇一五年

佐藤成順『善導の宗教』浄土宗出版、二〇〇六年
柴田泰山『善導教学の研究』山喜房佛書林、二〇〇六年
武内義範『親鸞と現代』中公新書、一九七四年
竹中智秀『浄土真宗の儀式の源流――『法事讃』を読む』東本願寺出版、二〇一四年
津田左右吉『津田左右吉全集　第十九巻』岩波書店、一九六五年
藤堂恭俊編『善導大師研究』山喜房佛書林、一九八〇年
藤田宏達『善導』（人類の知的遺産）講談社、一九八五年
牧田諦亮『浄土仏教の思想　五　善導』講談社、二〇〇〇年

第三章

浅井成海編『日本浄土教の諸問題』永田文昌堂、二〇一一年
安達俊英「法然上人における選択思想と助業観の展開」『浄土宗学研究』第一七号、一九九一年
伊藤唯真『浄土宗の成立と展開』吉川弘文館、一九八一年
池上洵一編『今昔物語集　本朝部上』岩波文庫、二〇〇一年
井上光貞『新訂　日本浄土教成立史の研究』山川出版社、一九七五年
『栄花物語　下巻』（三条西公正校訂）岩波文庫、一九三四年
大橋俊雄校注『法然上人絵伝（上下）』岩波文庫、二〇〇二年
小原仁『源信』ミネルヴァ書房、二〇〇六年
香川孝雄「仏教の女性観」『印度學佛教學研究』二三（二）、一九七五年
梯實圓『法然教学の研究』永田文昌堂、一九八六年
梶村昇『法然上人伝（上下）』大東出版社、二〇一三年
神居文彰他『臨終行儀』渓水社、一九九三年

北城伸子「近世における源信と母の説話について」『大谷学報』八二（四）、二〇〇四年
『源信』（日本思想大系六）（石田瑞麿校注）岩波書店、一九七〇年
『源信』（日本の名著四）（川崎庸之責任編集）中央公論社、一九七二年
『聖書』（聖書協会共同訳）日本聖書協会、二〇一八年
平雅行『鎌倉仏教と専修念仏』法藏館、二〇一七年
平雅行『法然』山川出版社、二〇一八年
高橋修『熊谷直実』吉川弘文館、二〇一四年
竹村牧男『日本浄土教の世界』大東出版社、二〇一二年
田村圓澄『法然上人傳の研究』法藏館、一九七二年
田村圓澄『法然』吉川弘文館、一九八八年
中井真孝『法然伝と浄土宗史の研究』思文閣出版、一九九四年
中野正明『増補改訂　法然遺文の基礎的研究』法藏館、二〇一〇年
文化庁『宗教年鑑　令和四年版』（https://www.bunka.go.jp/tokei_hakusho_shuppan/hakusho_nenjihokokusho/shukyo_nenkan/pdf/r04nenkan.pdf）
マルティン・ルター『キリスト者の自由・聖書への序言』（石原謙訳）岩波書店、一九九三年

第四章

浅井成海「証空師の生涯における二・三の問題」『印度學佛教學研究』二九（二）、一九八一年
浅井成海編『法然と親鸞』永田文昌堂、二〇〇三年
安達俊英「『選択集』における諸行往生的表現の理解」（大正大学浄土学研究会編『法然浄土教の思想と伝歴』山喜房佛書林、二〇〇一年所収）
安達俊英「浄土宗入門」（第一回〜第二〇回）『知恩』（総本山知恩院）、二〇一〇年八月〜二〇一二年三月

安達俊英「浄土宗と浄土真宗の違い　I」（『和顔愛語　平成二十八年度　一心寺日曜学校説法集』一心寺刊、二〇一七年所収）
岩下均「中将姫伝承の一考察」『目白大学　人文学研究』十一号、二〇一五年
上田良準・大橋俊雄『浄土仏教の思想　十一　証空　一遍』講談社、一九九二年
梯實圓『親鸞教学の特色と展開』法藏館、二〇一六年
元興寺文化財研究所編『日本浄土曼茶羅の研究』中央公論美術出版、一九八七年
浄土宗西山三派遠忌記念事業委員会編『西山国師絵伝』西山浄土宗宗務所、一九九四年
末木文美士『鎌倉仏教形成論』法藏館、一九九八年
杉紫朗『西鎮教義概論』百華苑、一九八八年
平雅行『日本中世の社会と仏教』塙書房、一九九二年
中西随功『證空浄土教の研究』法藏館、二〇〇九年
中村玲太「證空に見る浄土教的実践とその評価の問題」『印度學佛教學研究』六九（一）、二〇二〇年
中村玲太「天台本覚思想と證空」（花野充道博士古希記念論文集刊行会編『仏教思想の展開』山喜房佛書林、二〇二〇年所収）
奈良国立博物館編集『中将姫と當麻曼荼羅――祈りが紡ぐ物語』奈良国立博物館、二〇二二年
日本カトリック司教協議会教理委員会訳・監修『カトリック教会のカテキズム』カトリック中央協議会、二〇〇一年
日沖敦子『当麻曼荼羅と中将姫』勉誠出版、二〇一二年
日沖敦子『時空を駈ける中将姫』平凡社、二〇二〇年
廣川堯敏『鎌倉浄土教の研究』文化書院、二〇一四年
藤原定家（今川文雄訳）『訓読明月記　第四巻』河出書房新社、一九七八年
本庄良文「『選択集』第二章における千中無一説――諸行往生の可否に関連して」『仏教学部論集』九六、二

〇一二年
御園敬介『ジャンセニスム　生成する異端』慶応義塾大学出版会、二〇二〇年
森新之介『摂関院政期思想史研究』思文閣出版、二〇一三年
山邊習學・赤沼智善『教行信證講義』（全三巻）法藏館、一九五一年
山本芳久『トマス・アクィナス』岩波新書、二〇一七年
鷲津清静『鷲津清静全集』（全三巻）白馬社、二〇一七年

第五章
梯實圓『歎異抄』本願寺出版社、一九九四年
梯實圓『親鸞』大法輪閣、二〇一二年
草野顕之『親鸞の伝記　『御伝鈔』の世界』筑摩書房、二〇一〇年
末木文美士『親鸞』ミネルヴァ書房、二〇一六年
杉岡孝紀『親鸞の解釈と方法』法藏館、二〇一一年
平雅行『改訂　歴史のなかに見る親鸞』法藏館、二〇二一年
同朋大学仏教文化研究所編『誰も書かなかった親鸞』法藏館、二〇一〇年
中村生雄「親鸞の夢と往生」『現代思想』第十三巻七号、一九八五年
平松令三『親鸞聖人絵伝』本願寺出版社、一九九七年
平松令三『親鸞の生涯と思想』吉川弘文館、二〇〇五年
脇本平也「親鸞の夢をめぐって」『理想』四八五号、一九七三年

第六章
岩田文昭『近代仏教と青年　近角常観とその時代』岩波書店、二〇一四年

岩田文昭「阿闍世コンプレックスの母親像——その仏教的背景について」（永尾雄二郎他編『続・仏教精神分析　フロイトの心、親鸞の心』金剛出版、二〇一八年所収）
岩田文昭「浄土教における回心とその物語——近角常観・綱島梁川・西田天香」『大阪教育大学紀要　第I部門　人文科学』第六七号、二〇一九年
岩田文昭「国粋主義・実験・煩悶」（島薗進他編『近代日本宗教史　第二巻』春秋社、二〇二一年所収）
潮出版社編『手塚治虫の『ブッダ』読本』潮出版社、二〇一一年
塩谷菊美『語られた親鸞』法藏館、二〇一一年
碧海寿広『近代仏教のなかの真宗』法藏館、二〇一四年
大澤絢子『親鸞「六つの顔」はなぜ生まれたのか』筑摩書房、二〇一九年
小此木啓吾『日本人の阿闍世コンプレックス』中公文庫、一九八二年
小此木啓吾・北山修編『阿闍世コンプレックス』創元社、二〇〇一年
佐藤達哉『日本における心理学の受容と展開』北大路書房、二〇〇二年
高崎直道『「涅槃経」を読む』岩波書店、二〇一四年
近角常観『懺悔録』森江本店、一九〇五年
近角常観研究資料サイト（https://www.chikazumi.org/）
手塚治虫『ブッダ（全一四巻）』潮出版社、一九七四—八四年
土居健郎『「甘え」の構造』弘文堂、一九七一年
土居健郎「古澤先生と日本的精神分析」『精神分析研究』第二四巻四号、一九八〇年
内藤知康『歎異抄』法藏館、二〇二〇年
『宮沢賢治全集　一〇巻』ちくま文庫、一九九五年
Ando Yasunori, "Doi Takeo and the development of the 'Amae' theory", in Christopher Harding, Iwata Fumiaki, & Yoshinaga Shin'ichi eds. *Religion and Psychotherapy in Modern Japan*, Routledge, 2014.

終　章

島薗進『精神世界のゆくえ』法藏館、二〇二二年
島薗進『なぜ「救い」を求めるのか』NHK出版、二〇二三年
堀江宗正「「物語と宗教」研究序説——リクール「物語神学を目指して」を読む」『東京大学宗教学年報』一五号、一九九七年
堀江宗正・高橋原『死者の力』岩波書店、二〇二一年
矢野智司・鳶野克己編著『物語の臨界』世織書房、二〇〇三年

岩田文昭（いわた・ふみあき）

1958年生まれ．京都大学文学部哲学科（宗教学）卒業．同大学大学院文学研究科博士課程満期退学．1986-87年ルーヴァン大学高等哲学研究所留学．京都大学博士（文学）．専攻は宗教学・哲学．現在，大阪教育大学教授．
著書『フランス・スピリチュアリスムの宗教哲学』（創文社，2000年）
『近代仏教と青年』（岩波書店，2014年）
共編著『知っておきたい 日本の宗教』（ミネルヴァ書房，2022年）
Religion and Psychotherapy in Modern Japan, Routledge, 2014

浄土思想《じょうどしそう》
中公新書 *2765*

2023年 8 月25日発行

著　者　岩田文昭
発行者　安部順一

本文印刷　三晃印刷
カバー印刷　大熊整美堂
製　　本　小泉製本

発行所　中央公論新社
〒100-8152
東京都千代田区大手町 1-7-1
電話　販売　03-5299-1730
　　　編集　03-5299-1830
URL https://www.chuko.co.jp/

Published by CHUOKORON-SHINSHA, INC.
Printed in Japan　ISBN978-4-12-102765-8 C1214

中公新書刊行のことば

いまからちょうど五世紀まえ、グーテンベルクが近代印刷術を発明したとき、書物の大量生産は潜在的可能性を獲得し、いまからちょうど一世紀まえ、世界のおもな文明国で義務教育制度が採用されたとき、書物の大量需要の潜在性が形成された。この二つの潜在性がはげしく現実化したのが現代である。

いまや、書物によって視野を拡大し、変りゆく世界に豊かに対応しようとする強い要求を私たちは抑えることができない。この要求にこたえる義務を、今日の書物は背負っている。だが、その義務は、たんに専門的知識の通俗化をはかることによって果たされるものでもなく、通俗的好奇心にうったえて、いたずらに発行部数の巨大さを誇ることによって果たされるものでもない。現代を真摯に生きようとする読者に、真に知るに価いする知識だけを選びだして提供すること、これが中公新書の最大の目標である。

私たちは、知識として錯覚しているものによってしばしば動かされ、裏切られる。私たちは、作為によってあたえられた知識のうえに生きることがあまりに多く、ゆるぎない事実を通して思索することがあまりにすくない。中公新書が、その一貫した特色として自らに課すものは、この事実のみの持つ無条件の説得力を発揮させることである。現代にあらたな意味を投げかけるべく待機している過去の歴史的事実もまた、中公新書によって数多く発掘されるであろう。

中公新書は、現代を自らの眼で見つめようとする、逞しい知的な読者の活力となることを欲している。

一九六二年一一月

哲学・思想

1 日本の名著（改版） 桑原武夫編
2187 物語 哲学の歴史 伊藤邦武
2378 保守主義とは何か 宇野重規
2522 リバタリアニズム 渡辺 靖
2591 白人ナショナリズム 渡辺 靖
2288 フランクフルト学派 細見和之
2300 フランス現代思想史 岡本裕一朗
832 外国人による日本論の名著 佐伯彰一・芳賀 徹編
1696 日本文化論の系譜 大久保喬樹
2097 江戸の思想史 田尻祐一郎
2276 本居宣長 田中康二
2458 折口信夫 植村和秀
2686 中国哲学史 中島隆博
1989 諸子百家 湯浅邦弘
36 荘 子 福永光司
1695 韓 非 子 冨谷 至
1120 中国思想を考える 金谷 治
2042 菜 根 譚 湯浅邦弘
2220 言語学の教室 西村義樹・野矢茂樹
1862 入門！論理学 野矢茂樹
448 詭弁論理学（改版） 野崎昭弘
593 逆説論理学 野崎昭弘
2757 J・S・ミル 関口正司
1939 ニーチェ ツァラトゥストラの謎 村井則夫
2594 マックス・ウェーバー 野口雅弘
2597 カール・シュミット 蔭山 宏
2257 ハンナ・アーレント 矢野久美子
2339 ロラン・バルト 石川美子
2674 ジョン・ロールズ 齋藤純一・田中将人
674 時間と自己 木村 敏
1829 空間の謎・時間の謎 内井惣七
814 科学的方法とは何か 浅田彰・黒田末寿・佐和隆光・長野敬・山口昌哉
2495 幸福とは何か 長谷川 宏
2505 正義とは何か 神島裕子
2203 集合知とは何か 西垣 通

中公新書

宗教・倫理

2293 教養としての宗教入門　中村圭志
2459 聖書、コーラン、仏典　中村圭志
2668 宗教図像学入門　中村圭志
2158 神道とは何か　伊藤　聡
1130 仏教とは何か　山折哲雄
2135 仏教、本当の教え　植木雅俊
2616 法華経とは何か　植木雅俊
2416 浄土真宗とは何か　小山聡子
2365 禅の教室　藤田一照／伊藤比呂美
134 地獄の思想　梅原　猛
989 儒教とは何か（増補版）　加地伸行
1707 ヒンドゥー教―インドの聖と俗　森本達雄
2261 旧約聖書の謎　長谷川修一
2076 アメリカと宗教　堀内一史
2360 キリスト教と戦争　石川明人

2746 統一教会　櫻井義秀
2642 宗教と過激思想　藤原聖子
2453 イスラームの歴史　K・アームストロング　小林朋則訳
2639 宗教と日本人　岡本亮輔
2306 聖地巡礼　岡本亮輔
2310 山岳信仰　鈴木正崇
2499 仏像と日本人　碧海寿広
2598 倫理学入門　品川哲彦
2765 浄土思想　岩田文昭